Ein verlagsneues Buch kostet in ganz Deutschland und Österreich jeweils dasselbe. Das liegt an der gesetzlichen Buchpreisbindung, die dafür sorgt, dass die kulturelle Vielfalt erhalten und für die Leser bezahlbar bleibt. Also: Egal ob im Internet, in der Großbuchhandlung, beim lokalen Buchhändler, im Dorf oder in der Stadt – überall bekommen Sie Ihre verlagsneuen Bücher zum selben Preis.

Dies Buch ist auf Papier gedruckt, für das nur Holz aus nachhaltiger Forstwirtschaft verwendet wurde.

Dieses Buch wurde klimaneutral produziert. Wir unterstützen dafür das Waldschutzprojekt in Pará an der Amazonasmündung in Brasilien, wo der, auch für das Klima so wichtige, Regenwald die Lebensgrundlage der indigenen Bevölkerung ist. Mehr Infos unter: www.climatepartner.com/1056

Gedruckt auf NAUTILUS® SuperWhite 160 g/m² – 100% Recyclingpapier.
Mit Liebe in Österreich produziert von Mondi.

Kristina Heldmann

Klimawissen zum Mitreden

Mit einem Vorwort von Prof. Dr. Detlev Ganten

Verlagshaus Jacoby Stuart

Kristina Heldmann malt mit bewegten Pinselstrichen und frischen Farben am liebsten Menschen, Tiere und Natur. Seit ihrem Diplom in Visueller Kommunikation an der Hochschule für Bildende Künste Braunschweig arbeitet sie als freiberufliche Illustratorin. Sie lebt mit ihrer Familie und ihrem Hund Bobs in Berlin. Kristina Heldmann hat ihre Söhne Karl und Jack zu mehr als einer FFF-Demo begleitet und kam so auf die Idee zu diesem Buch.

Prof. Dr. Detlev Ganten, geboren 1941, zählt als Facharzt für Pharmakologie und molekulare Medizin, Gründungsdirektor des Max-Delbrück-Centrums für Molekulare Medizin (MDC) in Berlin-Buch und Vorstandsvorsitzender der Charité-Universitätsmedizin Berlin (2004–2008) zu den herausragenden Persönlichkeiten der europäischen Forschungslandschaft. Seit 2009 ist er Vorsitzender des Stiftungsrats der Stiftung Charité und Präsident des World Health Summit. Ihm ist es wichtig seinen Enkelkindern einen gesunden Planeten zu hinterlassen.

Karl, Jack, Bela, Ella, Amelia, Jim, Fritz, Rocky, Lenka, Carla, Freddie, Ava, Ludi, Rowen, Philine, Friedrich, Ferdinand, Fayola, Laszlo, Oscar, George, Charlie und alle anderen mit viel Zukunft

Alle reden über das Wetter – schon immer.

Jetzt reden alle über das Klima … und über die Zukunft. SchülerInnen streiken wegen des Klimawandels für ihre Zukunft. In den Nachrichten, im Internet, bei den sozialen Medien – überall wird darüber diskutiert, aber das ist oft ganz schön kompliziert …

Kristina Heldmann erklärt in ihrem Buch voller eindrücklicher Bilder, Fakten und Geschichten die Zusammenhänge so, dass du dir eine eigene Meinung bilden kannst. Und wahrscheinlich kannst du dann sogar Erwachsenen etwas erklären, die haben nämlich ganz viele Sachen auch noch nicht verstanden. Und du kannst selbst Teil der Lösung werden.

Nur wenige Grad machen den Unterschied. Hattest du schon mal Fieber? Wahrscheinlich sowas um die 39 Grad. Da schwitzt der Körper und du fühlst dich schlapp und krank. Bei 42 Grad Temperatur hat ein Mensch höchstes Fieber, und daran kann er sogar sterben. Das gleiche gilt für die ganze Natur.

Solch ein „Fieber“ der Erde müssen wir unbedingt verhindern. Tabletten helfen da natürlich nicht, aber wir können etwas dazu beitragen, um die Klimaerwärmung aufzuhalten. Wir Menschen müssen unser Leben so verändern, dass wir weniger Energie verbrauchen und die Luft weniger mit Autos, Flugzeugen, Hei-

zung, Kühlung aufheizen und mit Gasen und Müll vergiften. Auch Computer und Handys verbrauchen übrigens viel Energie und produzieren Wärme. Wie das alles zusammenhängt lest ihr in diesem Buch.

Die Masse macht's. Vor gar nicht so langer Zeit lebten nur etwa 10 Millionen Menschen auf unserer Erde. Bald werden wir 1.000-mal mehr sein: 10 Milliarden Menschen werden dann auf der Erde leben. Wenn jeder Einzelne von uns etwas gegen die Aufheizung und Vergiftung der Erde tut, schaffen wir alle gemeinsam viel, bewahren das Leben von Pflanzen, Tieren, Menschen und retten die Natur und unsere schöne Erde.

Gesundes Leben gibt es nur auf einem gesunden Planeten, der kein Fieber hat.

Wir müssen unsere Erde pflegen wie uns selbst – eine andere und bessere Erde gibt es nicht.

Detlev Ganten

INHALT

Klima

Wie das Klima wettert – Was ist eigentlich Klima? 14

Die Sonne macht's – Was hat die Sonne mit dem Klima zu tun? 16

Die größte Klimaanlage der Welt – Welche Rolle spielen Wind und Wasser? 18

Wasser auf Reisen – Welchen Einfluss haben die Wolken? 20

In gemütlicher Atmosphäre – Was ist der Treibhauseffekt? 22

Owei CO_2? – Was genau ist eigentlich CO_2? 24

Was dem Kohlenstoff Flügel verleiht – Woher kommt das CO_2? 26

Pupse und andere Gase – Woher kommen die anderen Treibhausgase? 28

Wenn Vulkane dem Klima was husten – Welche Rolle spielen Ruß und Staub? 30

Klimawandel

Das hatten wir doch schon! – Ändert sich das Klima nicht immer mal wieder? 34

Hat unser Planet Fieber? – Warum wird es wärmer? 36

Ohne Eis kein Eisbär – Warum braucht ein Eisbär Eis? 38

Was die Korallen blass macht – Warum geht es den Korallen schlecht? 40

Jetzt werden die Ozeane echt sauer – Was bedeutet Ozeanversauerung? 42

Oberkante Unterlippe – Was passiert, wenn der Meeresspiegel steigt? 44

Das bringt den Regenwald auf die Palme – Warum ist Wald wichtig? 46

Wem das Essen davonfliegt – Wie ändern sich die Lebensgewohnheiten der Tiere? 48

Ihr hier? – Wohin, wenn es zu warm wird? 50

Verwüstung – Wird das Wetter besser? 52

Wildes Wetter – Wird das Wetter schlechter? 54

Klimaschutz

Zeigt her Eure Füße – Was ist ein CO_2 Fußabdruck? 58

Ahoi Apfel, guten Flug Ananas – Worauf kann man beim Einkaufen achten? 60

Spaghetti, Schnitzel, Spiegelei – Worauf kann man beim Essen achten? 62

Hopp und weg – Was hat Müll mit Klimaschutz zu tun? 64

Neuland – Was hat Plastik mit Klimawandel zu tun? 66

Fußgänger haben keinen Auspuff – Wie kommt man ohne CO_2-Fußabdruck voran? 68

Abgefahren – Welche CO_2-Spur hinterlassen Autos, Schiffe und Flieger? 70

Sonne leer? – Was ist erneuerbare Energie? 72

Einfach mal abschalten – Wie kann man Strom sparen? 74

Alles so schön grün hier – Wie wohnt man klimafreundlich? 76

Was kostet die Welt? – Was können Industrie und Politik fürs Klima tun? 78

Think big – Wie löst man ein Welt-Problem? 80

Wer ist dran mit Müllrausbringen – Wer muss was tun? 82

Geht doch! – Welche Erfolge hat der Klimaschutz schon erzielt? 84

Zukunft ist für alle da – Was jetzt? 86

Glossar 90

KLIMA

Das Klima* ist in aller Munde. Im Fernsehen wird über das Klima berichtet, in der Zeitung erscheinen Artikel, die Politiker reden sich die Köpfe heiß und auf den Straßen wird demonstriert. Plakate zeigen schwitzende Planeten und Eisbären, qualmende Autos und Fabriken, Plastikmüll und Kohlebagger, Hochwasser und Dürre, Kühe und Karotten.

Aber was hat das alles mit Klima zu tun? Geht es beim Klima nicht um Sonne und Wolken?

Was also ist Klima?
Wodurch entsteht es?
Und was haben wir Menschen damit zu tun?

* Viele Fachbegriffe sind im Glossar auf Seite 90 erklärt.

WIE DAS KLIMA WETTERT

Was ist eigentlich Klima?

Etwas über das **Wetter** zu sagen, fällt uns leicht – wir sind entweder mittendrin oder müssen nur aus dem Fenster sehen. „Hundskälte", „Wolkenbruch", „Nieselregen", „blauer Himmel, Sonnenschein" nennen wir das, was uns gerade umgibt. Es herrscht an einem Ort zu einer bestimmten Zeit und kann sich von einer Minute zur anderen ändern.

Wenn wir über das **Klima** reden wollen, wird es schwieriger, denn das bedeutet, über das durchschnittliche Wetter während eines langen Zeitraums zu sprechen – mindestens 30 Jahre, sagen die Wissenschaftler.

Aber wer kann sich schon an das Wetter der letzten 30 Jahre erinnern? Man muss es aufschreiben, und das wird an manchen Orten schon seit 1781 von Wissenschaftlern getan. Solche Langzeit-Wetteraufzeichnungen machen es möglich, die langsamen Veränderungen des Klimas zu erkennen.

Das Klima fällt uns auch dann auf, wenn wir in ein anderes Klima reisen.
Kennt ihr das: Ihr fahrt in den Urlaub – zum Beispiel ans Meer oder in die Berge – und dort ist die Luft ganz anders? Es ist wärmer oder kälter, vielleicht weht eine Seebrise mit dem Duft von Salzwasser und von Pflanzen, die zu Hause nicht wachsen. Und rundherum zirpen die Zikaden. Oder es fegt ein frischer Wind von verschneiten Gipfeln, und eure Nase ist viel zu kalt, um überhaupt etwas zu riechen?

Vielleicht wart ihr sogar schon mal in einer Wüste, wo die Luft so trocken ist, dass sie nach Sand schmeckt, und die Augen brennen. Oder in den Tropen, wo es heiß und feucht ist wie im Gewächshaus und ihr schon ohne zu rennen ins Schwitzen geratet.

Das Klima auf unserer Erde ist, je nachdem, wo wir sind, ganz unterschiedlich. Es beeinflusst, was wir essen, wie wir uns kleiden und was für Tiere und Pflanzen uns umgeben.

Das Wetter ist ein kurzer Moment des Klimas.
Im Wüstenklima gibt es auch mal Regenwetter!
(Aber dort gilt Regen sicher nicht als Mistwetter!)

WISSEN BISSEN

Die meisten Lebewesen haben ein Lieblingsklima, in dem sie am besten leben können. Wir Menschen haben Möglichkeiten gefunden, uns praktisch jedem Klima anzupassen – kurze Hose, Trägerhemd, Wintermantel, Wollschal und Klimaanlage, Zentralheizung, Dämmung im Dach. Damit wird uns selten zu heiß oder zu kalt.

DIE SONNE MACHT'S

Was hat die Sonne mit dem Klima zu tun?

Die Sonne ist die Heizung der Erde. Sie ist ein riesiger Feuerball (1,3 Millionen Mal so groß wie die Erde), superheiß (15 Millionen Grad Celsius) und zum Glück rund 150 Millionen Kilometer weit weg, sodass wir gerade die richtige Entfernung haben, um weder zu verbrutzeln noch zu erfrieren.

Die Sonneneinstrahlung auf die Erde ist nicht überall gleich stark, dadurch ist es an verschiedenen Stellen unterschiedlich warm. Entscheidend dafür ist der Winkel, in dem die Sonnenstrahlen auf der Erde auftreffen. Am Äquator ist der Winkel steil, zu den beiden Polen der Erde hin wird er flacher. Je steiler der Winkel, desto wärmer ist es.

Aber dieser Winkel ändert sich mit den Jahreszeiten. Die Erde umkreist in einem Jahr die Sonne. Und im Laufe dieses Jahres wendet sie mal die Nord- und mal die Südhalbkugel stärker der Sonne zu. So entstehen die Jahreszeiten: Wenn bei uns Sommer ist, ist es auf der Südhalbkugel, etwa in Australien, Winter und umgekehrt. Außerdem dreht sich die Erde einmal pro Tag um sich selbst. Auf der Sonnenseite haben wir Tag, auf der Schattenseite Nacht. Das Sonnenlicht braucht etwa acht Minuten, um die Strecke von der Sonne bis zur Erde zurückzulegen. (Licht ist wahnsinnig schnell!)

Durch die unterschiedlich starke Sonneneinstrahlung kommt es, dass die Erde **5 Klimazonen** hat.

In der **polaren Zone** sind die Winter lang, schneereich und kalt und die Sommer so kurz, dass die Pflanzen keine Zeit haben zu wachsen. Deshalb gedeiht kaum etwas. Hier fühlen sich Eisbären, Robben und Wale wohl.

Auch in der **subpolaren Zone** steigen die Temperaturen selten über null Grad Celsius. Der Boden taut im Sommer nur an der Oberfläche auf.
Die Pflanzen haben eine kurze schneefreie Zeit, um zu wachsen. Es gibt Gräser, Flechten, Moose und Nadelbäume. Polarhasen, Eisfüchse und Schnee-Eulen wohnen hier.

Wir leben in der **gemäßigten Zone**. In den warmen Monaten liegen hier die Temperaturen deutlich über null Grad Celsius. Es wachsen Nadel-, Laub- und Mischwälder, in denen Rehe, Wildschweine und Eichhörnchen leben.

In der **subtropischen Zone** liegen die Temperaturen durchschnittlich bei 20 Grad Celsius.
Es friert fast nie. Regen- und Trockenzeiten wechseln sich ab. In dieser Klimazone liegen Gegenden mit üppiger Vegetation, aber auch Wüsten und zum Beispiel das Mittelmeer. Kamele, Eidechsen und Panther sind hier zu Hause.

In der **tropischen Zone** gibt es keine Jahreszeiten. Das Klima ist immer heiß und feucht. Der Amazonas-Regenwald liegt zum Beispiel in der tropischen Zone. In ihr leben Papageien, Tiger und Gorillas.

In jeder großen Klimazone gibt es verschiedene kleinere Klimazonen, je nach Höhe über dem Meeresspiegel und Entfernung zum Meer, zum Beispiel Gebirgsklima, Mittelmeerklima, Wüstenklima.

WISSEN BISSEN

14 Grad Celsius ist heute die durchschnittliche Temperatur auf der Erde.

DIE GRÖSSTE KLIMAANLAGE DER WELT

Welche Rolle spielen Wind und Wasser?

Außer der Sonne sind noch weitere Kräfte für das Klima wichtig: Große Wind- und Meeresströmungen verteilen die Sonnenwärme rund um die Erde.

Am Äquator, wo die Sonneneinstrahlung am kräftigsten ist, erwärmt sich die Luft besonders stark und wird dadurch leichter. Sie steigt auf und zieht hoch oben in Richtung der kalten Pole. Auf dem Weg dorthin kühlt sie ab, wird wieder schwerer und sinkt nach unten. Nahe der Erdoberfläche zieht sie zurück zum Äquator. Allerdings nimmt die Luft nicht den geraden Weg zwischen Äquator und Nord- oder Südpol, sondern wird durch andere Kräfte nach Westen oder Osten abgelenkt. Die Luftströmungen dieses Kreislaufs werden **Passatwinde** genannt.

Die Sonne heizt nicht nur die Luft rund um den Äquator besonders stark auf, sondern auch das Wasser der Ozeane. Dadurch entstehen neben den Luftströmungen auch Meeresströmungen, die warmes Wasser vom Äquator auf die Pole zu treiben. Das Wasser an der Meeresoberfläche ist warm und leicht. Es gibt auf dem Weg zu den Polen seine Wärme an die Luft ab. Dabei wird es kühler und schwerer und sinkt in Richtung Meeresboden. Der Sog, der dabei entsteht, zieht mehr warmes Wasser aus der Äquatorregion nach.

Der **Golfstrom** ist ein Teil dieser großen Meeresströmungen. Er bringt Wärme aus dem Golf von Mexiko durch den Atlantik zu uns und bis in den hohen Norden Europas. Ohne ihn wäre es hier etwa 10 Grad kälter!

Per Anhalter durch die Ozeane

1992 ging in einem Sturm ein Container mit Badespielzeug über Bord eines Frachters. Er enthielt gelbe Plastikenten, grüne Frösche, blaue Schildkröten und rote Biber. Sie hießen laut Verpackung „Friendly Floatees“. Über Jahrzehnte wurden sie an verschiedenen Küsten der Erde angespült und gaben dadurch Forschern Auskunft über die Meeresströmungen. Normalerweise benutzen Forscher Treibbojen, die unter Wasser schweben, um Wasserbewegungen zu messen, weil die nicht vom Wind beeinflusst werden.

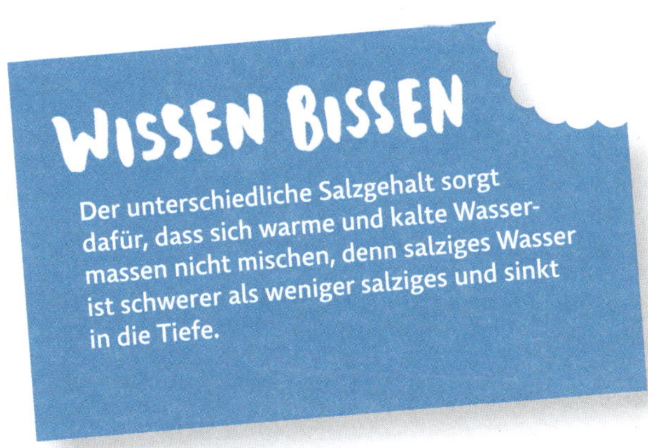

WASSER AUF REISEN

Welchen Einfluss haben die Wolken?

Das Wasser der Erde ist ständig unterwegs. Es reist nicht nur flüssig durch die Flüsse und Weltmeere, sondern auch gasförmig als Wasserdampf und gefroren als Eis und Schnee. Die Wärme der Sonne lässt Wasser verdunsten. Es steigt als Wasserdampf auf, und hoch oben in der kühleren Luft kondensiert es wieder. Das heißt, es wird wieder flüssig und bildet viele klitzekleine Tröpfchen, die wir als Wolken sehen können. Der Wind schiebt das Wasser mit den Wolken umher. Als Regen oder Schnee fällt es wieder auf die Erde. Diese Reise des Wassers wird Wasserkreislauf genannt.

Wolken können das Klima auf unterschiedliche Art beeinflussen. Wie genau, das hängt von ihrer Beschaffenheit ab und von der Höhe, in der sie vorkommen. Dazu könnt ihr euch die Wolkensteckbriefe ansehen.

Allgemein gilt:
Niedrige dichte Wolken kühlen die Erde, weil sie große Teile der Sonnenstrahlen nicht durchlassen.
Hohe Wolken tragen weniger Wasser in sich und sind für Sonnenstrahlen durchlässiger. Sie haben einen wärmenden Effekt, weil sie von der Erde abgestrahlte Wärme auffangen und festhalten.

Zirrokumulus
(kleine Schäfchenwolke),
in 5–13 km Höhe, ist klein und weiß, besteht aus Eiskristallen, bringt Gewitter

Altokumulus
(große Schäfchenwolke),
in 2–7 km Höhe, sieht weiß aus, bringt beständiges Wetter

Kumulus
(Haufenwolke),
in jeder Höhe, dichte Wasserwolke mit dunkler Unterseite

Stratus (tiefe Schichtwolke), in bis zu 2 km Höhe, graue Wolkenschicht, enthält viel Wasser, bringt schlechtes Wetter, wirkt klimakühlend

Nimbostratus (Regenwolke), in jeder Höhe, wirkt grau, bringt Schnee oder Regen

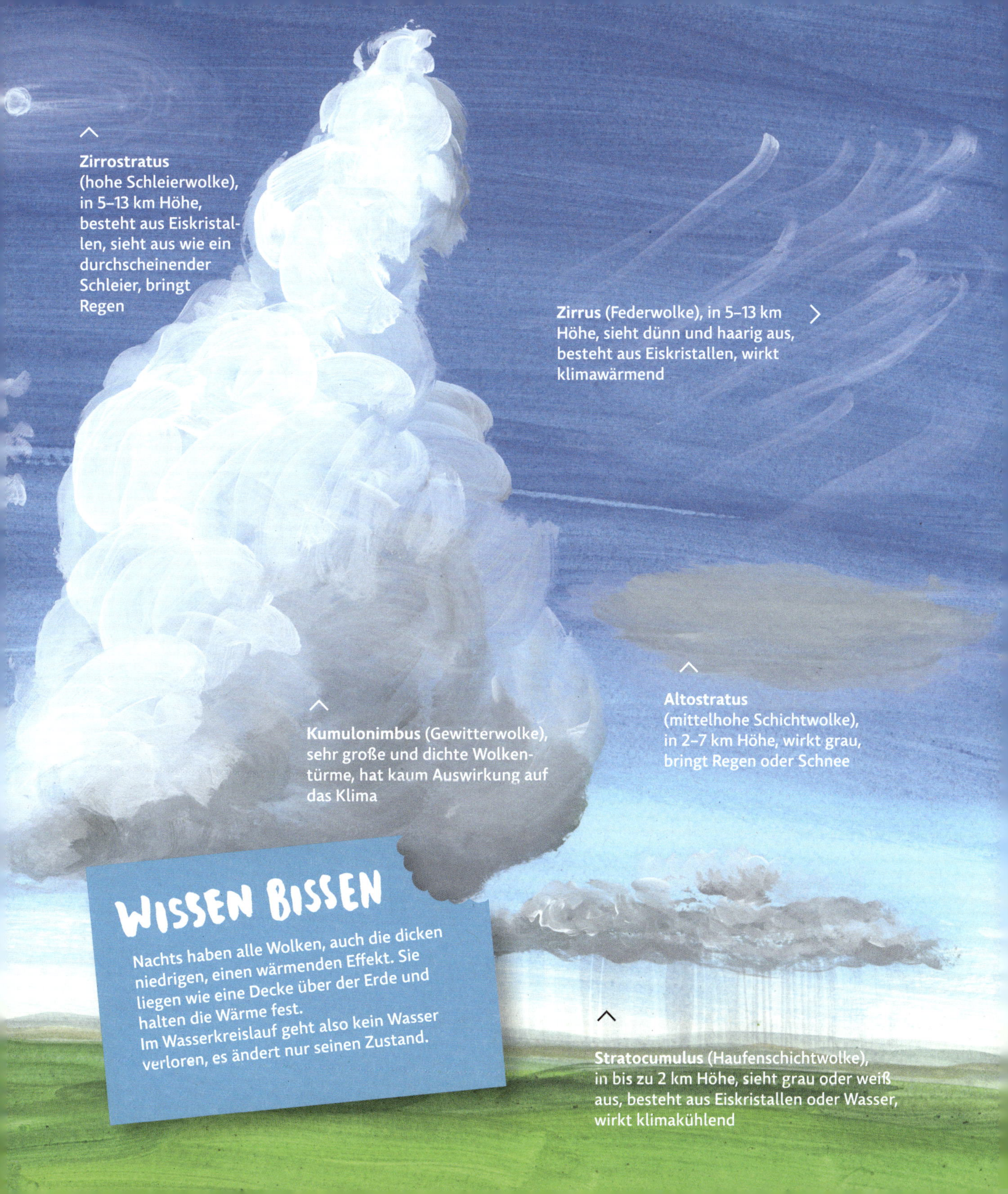

Zirrostratus (hohe Schleierwolke), in 5–13 km Höhe, besteht aus Eiskristallen, sieht aus wie ein durchscheinender Schleier, bringt Regen

Zirrus (Federwolke), in 5–13 km Höhe, sieht dünn und haarig aus, besteht aus Eiskristallen, wirkt klimawärmend

Kumulonimbus (Gewitterwolke), sehr große und dichte Wolkentürme, hat kaum Auswirkung auf das Klima

Altostratus (mittelhohe Schichtwolke), in 2–7 km Höhe, wirkt grau, bringt Regen oder Schnee

WISSEN BISSEN

Nachts haben alle Wolken, auch die dicken niedrigen, einen wärmenden Effekt. Sie liegen wie eine Decke über der Erde und halten die Wärme fest.
Im Wasserkreislauf geht also kein Wasser verloren, es ändert nur seinen Zustand.

Stratocumulus (Haufenschichtwolke), in bis zu 2 km Höhe, sieht grau oder weiß aus, besteht aus Eiskristallen oder Wasser, wirkt klimakühlend

IN GEMÜTLICHER ATMOSPHÄRE

Was ist der Treibhauseffekt?

Unsere Erde saust zum Glück nicht schutzlos und nackig durch das Weltall. Sie ist umgeben von einer 10.000 km dicken Hülle aus verschiedenen Gasen, der Atmosphäre.

Auf Fotos aus dem Weltraum sieht diese Gasschicht ganz zart und hellblau aus. Man mag kaum glauben, was sie alles leisten kann! Ohne sie könnten wir auf der Erde tatsächlich gar nicht leben. Sie sorgt dafür, dass es hier angenehm warm bleibt, dass wir Luft zum Atmen haben und vor gefährlichen Strahlen aus dem Weltraum geschützt sind.

In der Atmosphäre kommen hauptsächlich die Gase Stickstoff, Sauerstoff und Argon vor. Außerdem enthält sie Wasserdampf und ganz kleine Mengen anderer Gase, die Spurengase. Zu ihnen gehören Kohlendioxid, Methan, Lachgas und Ozon.

Wasserdampf und Spurengase nennt man auch **Treibhausgase**. Sie sind verantwortlich für den Treibhauseffekt. Der Wasserdampf ist seine Hauptzutat. Er hat einen Anteil von 36–70 Prozent an den Gasen in der Atmosphäre. Die Spurengase machen dagegen nur etwa 0,04 Prozent aus. Trotz ihrer geringen Menge ist ihre Wirkung riesig.

Wer im Glashaus sitzt …
Wie der Name Treibhausgase andeutet, funktionieren diese Gase ähnlich wie das Glasdach eines Gewächshauses. Sie halten Teile der Sonnenwärme in unserer Atmosphäre fest und lassen uns gedeihen wie Palmen im Botanischen Garten oder Tomaten im Treibhaus.

Weil die unscheinbaren Treibhausgase für unser Klima so wichtig sind, sehen wir sie uns noch mal genauer an.

Was genau ist eigentlich CO_2?

Apropos genau Hinsehen – Kohlendioxid, das wichtigste Treibhausgas, ist unsichtbar! Und riechen kann man es auch nicht!

Es wird auch als CO_2 bezeichnet nach den beiden Elementen, aus denen es besteht. Dabei steht das C für ein Kohlenstoffteilchen und das O_2 für zwei Sauerstoffteilchen.

(Wie unpraktisch übrigens, dass ausgerechnet CO_2 unsichtbar ist – wo es einen so großen Einfluss auf unser Klima hat! Es wäre viel leichter darüber zu sprechen, wenn man es sehen könnte. Ich stelle mir CO_2 so vor: ein Kohlenstoffteilchen (das klingt schwarz und schwer) und daran sitzen zwei Sauerstoffteilchen wie zwei Flügel, denn sie machen das Kohlenstoffteilchen gasförmig und lassen es fliegen.)

CO_2 kommt in der Atmosphäre und auch fast überall auf der Erde vor – im Wasser, in den Böden, den Pflanzen und eben in der Luft. Es hat wichtige Aufgaben. Pflanzen zum Beispiel brauchen CO_2, um zu wachsen. Im Ozean gedeiht durch CO_2 das Plankton, von dem sich viele Meeresbewohner ernähren. Wir atmen geringe Mengen CO_2 aus, und CO_2 bringt als Kohlensäure unsere Limo zum Sprudeln.

Das CO_2 der Erde bewegt sich ähnlich wie das Wasser in einem natürlichen Kreislauf. Pflanzen, Böden und Meere nehmen es aus der Luft auf und geben es über kurz oder lang dorthin wieder ab.

Erstmal also alles prima mit dem CO_2. Aber warum hat es so einen furchtbar schlechten Ruf? (Bestimmt habt ihr schon mal von CO_2 gehört – und es war nichts Gutes, oder?)

Die Menge macht's!
Wir Menschen produzieren eine Menge CO_2! Und dieses menschengemachte Extra an CO_2 führt zum menschengemachten Extra an Treibhauseffekt, und der bringt unser Klima und unseren Planeten ordentlich ins Schwitzen!

Dampf ablassen
Durch die Erwärmung der Erde verdunstet mehr Wasser. Das führt zu mehr Wasserdampf in der Atmosphäre und damit wiederum zur Verstärkung des Treibhauseffektes, wodurch es noch wärmer wird. Leider haben wir auf die Verdunstung des Wassers auf unserem Planeten keinen Einfluss (dafür müssten wir die Ozeane mit Frischhaltefolie abdecken!).

WAS DEM KOHLENSTOFF FLÜGEL VERLEIHT

Woher kommt das CO_2?

Kohlenstoff, also das C aus dem CO_2, ist die Grundlage allen Lebens auf der Erde. Durch Sauerstoff wird aus ihm das Gas Kohlendioxid. Der Sauerstoff verleiht dem Kohlenstoff sozusagen Flügel.

In der Natur kann Kohlenstoff über sehr lange Zeit gespeichert lagern. Kohle, Erdöl und Erdgas, aber auch Kalkstein sind solche Speicher. Der Kohlenstoff darin ist uralt und stammt noch aus der Zeit der Dinosaurier oder von davor!

Kohle, das waren ursprünglich einmal Pflanzen, deren Überreste vor Millionen von Jahren im Sumpf versanken. Sie wurden zu Torf und dann langsam unter hohem Druck von Gesteinsschichten überdeckt und zusammengepresst, bis sie heute als Braun- oder Steinkohle aus dem Boden gebaggert werden können.

Erdgas und Erdöl entstanden auf ähnliche Weise. Urzeitliches Plankton sank vor Jahrmillionen auf den Meeresboden und wurde dort von immer dicker werdenden Ton- und Sandschichten zugedeckt.

Kohle, Erdöl und Erdgas sind fossile Stoffe und speichern eine Menge Energie in Form von Kohlenstoff. Sie heißen deshalb ganz passend „fossile Energieträger" und, weil man sie verbrennen kann, auch „fossile Brennstoffe".

Beim **Verbrennen** wird aus Kohlenstoff CO_2. Es steigt in die Atmosphäre und bleibt dort bis zu 1000 Jahre lang, so das Bundesumweltamt.

Der meiste Kohlenstoff der Erde befindet sich im Gestein, und zwar im **Kalkstein**. Der besteht aus Muscheln und Schalen von Meerestieren der Urzeit. Auch ein echter Langzeitspeicher! Wenn heute in Zementöfen Kalkstein zu Zement umgewandelt wird, ist das eine chemische Reaktion. Auch das verleiht dem Kohlenstoff Flügel, und er entweicht als CO_2!

Einiger Kohlenstoff lagert tiefgefroren auf unserem Planeten. Im **Permafrostboden** der polaren und subpolaren Klimazone herrschen konstant Temperaturen wie in einer Kühltruhe. Tierische und pflanzliche Überreste können dort nicht verrotten, so bleibt der Kohlenstoff in ihnen gespeichert. Wird das Klima wärmer und der Boden taut, kommt auch Kohlenstoff frei – als CO_2.

In Mooren werden Pflanzenreste zu **Torf**, einem weiteren großen Kohlenstoffspeicher.

Wälder nehmen CO_2 aus der Luft auf. Sie geben den Sauerstoff ab und behalten den energiereichen Kohlenstoff. Mit seiner Energie wachsen die Bäume und Pflanzen. Werden Wälder gerodet und das Holz verbrannt, verwandelt sich der in ihnen gespeicherte Kohlenstoff wieder in CO_2.

WISSEN BISSEN

Ein Mann namens Charles David Keeling hat 1957 damit angefangen den CO_2-Gehalt der Luft systematisch zu messen. Dafür hat er extra ein Messgerät entwickelt, das viel genauer war als alle davor. Seine Messungen zeigten einen kontinuierlichen Anstieg des CO_2-Wertes in der Luft.

PUPSE UND ANDERE GASE

Woher kommen die anderen Treibhausgase?

Die anderen Treibhausgase kommen auf unserem Planeten genau wie CO_2 ganz natürlich vor, doch auch auf ihre Menge haben wir Einfluss.

Methan (CH_4) ist das zweitwichtigste Treibhausgas. Es ist in viel geringeren Mengen in der Atmosphäre vorhanden als CO_2, wirkt sich aber viel (bis zu 21-mal!) stärker auf das Klima aus. Es entsteht unter anderem in den Mägen von Wiederkäuern wie Kühen, Schafen und Ziegen. Sie rülpsen und pupsen es einfach aus!

Rülpsen und pupsen

Weltweit fressen, rülpsen und pupsen heute etwa 1 Milliarde Rinder, ähnlich viele Schafe und wer weiß wie viele Ziegen. (Wildlebende Wiederkäuer wie Gnus, Giraffen, Gabelböcke, Hirsche und Okapis fallen bei dem ganzen Gepupse kaum noch ins Gewicht!)

Auch außerhalb von Mägen setzen pflanzliche und tierische Überreste beim Vergammeln Methan frei. Ganz besonders viel davon kommt aus unseren Mülldeponien.

Übrigens stinkt Methan nicht – auch wenn Pupse und Müll ganz danach klingen!

Lachgas (N_2O) klingt lustig, ist es aber nicht. Lachgas ist ein 300-mal wirksameres Treibhausgas als CO_2. Es macht für unser Klima fast 10 Prozent des Treibhauseffektes aus, obwohl es in der Atmosphäre nur in wahnsinnig kleinen Mengen vorkommt. In der Landwirtschaft entsteht es durch (stickstoffhaltigen) Dünger, durch Mist und Gülle.

Ozon (O_3): Hoch oben in der Stratosphäre schützt uns die Ozonschicht vor den gefährlichen ultravioletten Strahlen der Sonne, weiter unten in der Troposphäre aber wirkt es als Treibhausgas.

WENN VULKANE DEM KLIMA WAS HUSTEN

Welche Rolle spielen Ruß und Staub?

Eine weitere Klimazutat in der Atmosphäre sind winzig kleine Schwebeteilchen, die man auch Aerosole nennt. Zu ihnen gehören zum Beispiel Pollen, Bakterien, Wüstenstaub, aufgewirbeltes Meersalz und die Asche von Vulkanen. Eine große Menge **Aerosole** verursachen auch wir Menschen, zum Beispiel durch Rauch aus Fabrikschornsteinen und Feinstaub aus Auspuffen.

Aerosole haben mit dem Treibhauseffekt nicht direkt zu tun, wirken aber in verschiedener Weise auf unser Klima. Sie können wärmen oder auch kühlen. Dabei entscheidet die Art der Schwebeteilchen, die Höhe, in der sie vorkommen, und ihre Größe darüber, welche Wirkung sie haben.

Auch bei der **Entstehung von Wolken** spielen Aerosole eine wichtige Rolle. Denn die winzigen Schwebeteilchen dienen als Anker, an denen sich Wassertropfen oder Eiskristalle bilden, die dann als Wolke oder Nebel zu sehen sind.

Ein Vulkan kann enorme Mengen an Schwebeteilchen ausspucken und damit das Klima für eine Weile ganz schön durcheinanderbringen.

Als der indonesische Vulkan Krakatau 1883 ausbrach, war die Explosion so gewaltig, dass Asche bis in 27 Kilometer Höhe geschleudert wurde. Dort oben sorgte die Aschewolke dafür, dass viel weniger Sonnenenergie als normalerweise bis zur Erde kam. Das Klima kühlte sich auf der ganzen Welt ab und zwar gleich für mehrere Jahre. Man nennt das auch einen vulkanischen Winter. Und der brachte in Indonesien sogar zum ersten Mal Schnee!

WISSEN BISSEN

In Indonesien gibt es besonders viele Vulkane. 68 Jahre vor dem Krakatau brach 1815 der indonesische Tambora aus. Der Staub, der bei der Explosion in die Atmosphäre schoss, änderte das Klima auf der ganzen Welt. Das folgende Jahr 1816 nannte man deshalb auch „das Jahr ohne Sommer". Ernten fielen aus, und es kam zu Hungersnöten.

KLIMA WANDEL

Jetzt wissen wir schon genauer, was Klima ist und wovon es beeinflusst wird. Wir haben gesehen, dass Sonne, Wind und Ozeane, der Wasserkreislauf und die Atmosphäre eine Rolle spielen für das Klima. Besonders die unsichtbaren Treibhausgase, die nur in winzigen Mengen in der Atmosphäre vorkommen, sind ein empfindlicher Faktor.

Die Natur ist ein ausgetüfteltes System. Sie besteht aus lauter Kreisläufen, die miteinander verstrickt sind. Ändert sich ein Teil, hat das Auswirkungen auf viele andere. Deshalb ist es manchmal schwer zu erkennen, woher eine Veränderung kommt. Forscher untersuchen, tüfteln, rechnen, sammeln Informationen und produzieren Geistesblitze, um auch den weit entfernten Zusammenhängen auf die Spur zu kommen.

In diesem Kapitel untersuchen wir unseren Einfluss auf das Klima, und betrachten, was ein sich wandelndes Klima für Tiere, Pflanzen und Menschen bedeutet.

Was passiert, wenn das Klima aus dem Gleichgewicht gerät?
Was ändert sich?
Und warum?

DAS HATTEN WIR DOCH SCHON!

Ändert sich das Klima nicht immer mal wieder?

Dinosaurier knabberten bei Backofenhitze an Nadelbäumen, wollige Mammuts stapften am Mittelmeer durch metertiefen Schnee. Das Klima der Erde hat sich immer wieder geändert – wozu also die Aufregung?

Stimmt, für die Erde ist es nicht der erste Klimawandel, sie hat in ihrer 4,6 Milliarden Jahre langen Geschichte so einiges erlebt. Sie war Feuerball und sogar Schneeball – vor etwa 700 Millionen Jahren, so vermuten einige Wissenschaftler, war sie komplett von Eis bedeckt und glitzerte im Weltraum als weiße Kugel, statt als blauer Planet zu leuchten. Für die Erde ist ein sich änderndes Klima kein Problem – aber für die Lebewesen auf ihr schon. Dinosaurier sind ausgestorben und Mammuts auch.

In den letzten 11.500 Jahren war die Temperatur auf der Erde ziemlich stabil. Das ist prima für uns Menschen, denn dadurch konnten wir es uns hier nett machen. Wir wurden sesshaft und breiteten uns bis in die letzten Winkel des Planeten aus.

WISSEN BISSEN

Wusstet ihr, dass wir in einer Eiszeit leben? Und zwar in der warmen Periode einer Eiszeit! Eine Eiszeit herrscht immer dann, wenn mindestens einer der Pole der Erde mit Eis bedeckt ist.

Die Erde führt Klimatagebuch!
Im ewigen Eis, in Ablagerungen der Tiefsee, in Tropfsteinhöhlen, in Baumringen und Korallen (also in allem, was sich sehr langsam aufbaut) hat sich die Erde ihr Klima gemerkt. Und die Menschen werden immer besser darin, dieses Tagebuch zu lesen.

Forscher haben zum Beispiel mehrere tausend Meter tief in das Eis der Antarktis gebohrt, und zwar mit dicken hohlen Bohrern, mit denen man bis zu 3 Kilometer lange Stangen Eis heraufholen kann. Das kilometerdicke Eis an den Polen war einmal Schnee, der Schicht auf Schicht über hunderttausende von Jahren gefallen ist. So kann man an diesem Eisbohrkern entlang in der Klimageschichte der Erde zurückreisen.

Das älteste Eisstück, das man bisher herausgebohrt hat, ist 900.000 Jahre alt! Im Eis eingeschlossen finden sich Luftbläschen und Staub aus längst vergangenen Tagen. Sie erzählen aus der Klimageschichte unseres Planeten – zum Beispiel auch, wie viel CO_2 es zu irgendeinem Zeitpunkt gab.

Diese Messdaten zeigen: Die Erde durchlief in einem Rhythmus von etwa 100.000 Jahren Warm- und Kaltzeiten. Solche klimatischen Veränderungen gingen allerdings gaaaaaaanz langsam vonstatten.

Der Klimawandel, den wir jetzt erleben, ist viel schneller als jemals zuvor: 1,4 Grad Celsius Erwärmung seit 1881 in Mitteleuropa.

Die weltweite Durchschnittstemperatur ist im letzten Jahrhundert um etwa 1 Grad gestiegen. Dabei war in den letzten 60 Jahren jedes Jahrzehnt wärmer als das vorherige .

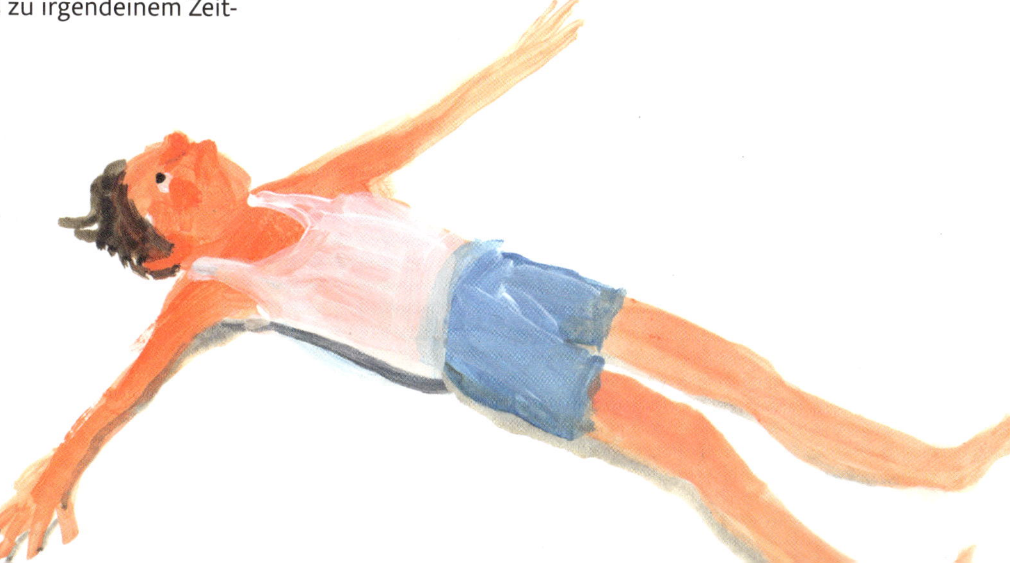

HAT UNSER PLANET FIEBER?

Warum wird es wärmer?

Wenn wir Fieber haben, produziert unser Körper extra viel Wärme. Diese Hitze kommt von innen und hat nichts mit der Temperatur um uns herum zu tun.

Auch die Temperatur der Erde steigt nicht durch mehr Wärme von außen. Die Sonne scheint zwar nicht immer genau gleich stark, die Schwankungen ihrer Strahlung passen aber nicht zu dem Temperaturanstieg, den wir gerade erleben.

Der Wärme auf der Spur
Wissenschaftler haben sich also auf die Suche gemacht nach einem vergleichbaren Faktor, dessen Entwicklung dem der Temperatur auf der Erde ähnelt. Dabei halfen auch die Eisbohrkerne, von denen wir im letzten Kapitel gehört haben, und besonders die in ihnen gefundenen Treibhausgase. Die Menge der Treibhausgase darin passt nämlich zur Klimageschichte und auch zum heutigen Anstieg der Temperaturen!

Der Anstieg der Treibhausgase
Etwa im Jahr 1760 begann mit dem Aufkommen von Dampfmaschinen das Industriezeitalter. Seitdem verfeuern wir fossile Brennstoffe wie Kohle, Erdöl und Erdgas in immer größeren Mengen. Wir produzieren in Fabriken Gegenstände und Nahrungsmittel. Wir bauen, bewegen uns fort und heizen. Und dabei heizen wir unseren Planeten gleich mit! Denn mit all diesen Aktivitäten produzieren wir CO_2 und verstärken damit den Treibhauseffekt.

Heute herrscht die höchste CO_2-Konzentration in der Atmosphäre seit mindestens 800.000 Jahren! Sie ist damit um 44 Prozent höher als vor dem Beginn der Industrialisierung.

Die Ozeane und die Wälder sind die großen CO_2-Puffer und können einiges abfedern, aber mit einer solchen Menge sind sie glatt überfordert. Sie schaffen gerade mal die Hälfte des heute ausgestoßenen CO_2. Die andere Hälfte bleibt in der Atmosphäre und verstärkt den Treibhauseffekt.

Unser Planet schwitzt sozusagen unter seiner dichter werdenden Schutzhülle!

WISSEN BISSEN

Fieber ist ein Zeichen dafür, dass wir krank sind. Ein Grad mehr oder weniger macht dabei einen riesigen Unterschied. Bei 38 °C fühlen wir uns matschig, bei 40 °C furchtbar und bei 42 °C wären wir tot. Auch für die Erde macht ein Grad mehr oder weniger viel aus.

OHNE EIS KEIN EISBÄR

Warum braucht ein Eisbär Eis?

Eisbären sind so weiß wie die Welt, in der sie leben – die Eisflächen der Arktis. Sie sind (zusammen mit den Kodiakbären) die größten Landraubtiere der Erde. Ihre Lieblingsspeise sind Ringelrobben, die sie vom Packeis aus jagen. Packeis nennt man das Eis, das in großen Schollen dicht an dicht auf dem Meer schwimmt. Wenn eine Robbe zum Atmen aus dem Wasser auftaucht oder sich auf dem Eis eine Pause gönnt, hat der gut getarnte weiße Eisbär Gelegenheit, sie zu erwischen. Im Wasser dagegen hat er kaum eine Chance, denn dort schwimmen ihm die wendigen Robben leicht davon.

Schrumpft das arktische Eis, schrumpft mit ihm auch der Lebensraum und das Jagdrevier der Eisbären.

Die Arktis erwärmt sich durch den Klimawandel viel schneller als der Rest der Welt, und das Eis des Meeres schmilzt in atemberaubender Geschwindigkeit. In den letzten 50 Jahren ging es um drei Viertel zurück. Keine guten Aussichten für Eisbären auf Robbenjagd!

Erwärmungsbeschleuniger
Wenn unter schmelzendem Eis der dunklere Boden oder eine Wasseroberfläche zum Vorschein kommt, geht es mit der Erwärmung noch mal schneller. Denn dunkle Oberflächen reflektieren weniger Sonnenstrahlen als das weiße Eis und wärmen sich daher ruckzuck auf.

Übrigens: Der Eisbär macht sich denselben Mechanismus zunutze, der das Schmelzen seines Reiches beschleunigt – seine Haut ist unter dem hellen Fell pechschwarz und speichert so die Sonnenwärme.

WISSEN BISSEN

Eine Duftspur, die von den Tatzen der Eisbären auf dem Eis hinterlassen wird, dient der Partnersuche. Schmilzt das Eis, dann verschwindet auch die Spur zum Partner!

WAS DIE KORALLEN BLASS MACHT

Warum geht es den Korallen schlecht?

Die größten von Lebewesen geschaffenen Bauwerke der Welt sind nicht etwa unsere Städte, sondern Korallenriffe. Sie sind kunterbunt und strotzen vor Leben. Clownfische, Tintenfische, Kugelfische, Riffhaie, Meeresschildkröten und Seepferdchen – mehr als ein Viertel aller Arten von Meeresbewohnern tummeln sich darin.

Das bekannteste und **größte Korallenriff** ist das Great Barrier Riff vor der Küste Australiens. Es ist ganze 2300 km lang! Das entspricht ungefähr der Strecke von Berlin nach Lissabon in Portugal!

Ihre schillernden Farben verdanken die Korallen bestimmten Algenarten, die auf ihnen leben. Algen und Korallen bilden eine enge Gemeinschaft und ernähren sich gegenseitig.

Die **Algen** verstehen allerdings keinen Spaß, wenn es um die Wassertemperatur geht. Wird das Wasser im Sommer auch nur 1 Grad zu warm, produzieren die Algen einen Stoff, der für die Korallen giftig ist. Die Korallen stoßen die Algen ab, und sichtbar wird ihr geisterhaft weißes Kalkskelett. Dieses Erblassen nennt man auch Korallenbleiche.

Ohne die Algen bekommen die Korallen nicht mehr genug Nahrung und drohen zu verhungern. Nur wenn die Wassertemperatur schnell wieder sinkt, und sich neue Algen auf den Korallen ansiedeln, haben sie eine Chance zu überleben. Bleibt das Meerwasser zu lange zu warm, sterben die Korallen, und mit ihnen verschwindet der Lebensraum für Clownfische und zahllose andere Arten.

Die riesigen Wassermassen der Ozeane erwärmen sich nicht gleichmäßig. Weltweit hat sich das Meerwasser in 35 Jahren um 0,5 Grad Celsius erwärmt. Die Wassertemperatur um das Great Barrier Riff stieg allerdings 2015 von normalerweise unter 30 bis auf 33 Grad.

Im Jahr 2016 waren über 90 Prozent des Great Barrier Riffs von der Korallenbleiche betroffen.

Es ist gut möglich, dass die seit Jahrmillionen existierenden Korallenriffe zu den ersten Ökosystemen gehören, die dem Klimawandel zum Opfer fallen.

WISSEN BISSEN

Korallen nennt man auch Blumentiere. Sie zählen zu den Tieren, sehen aber aus wie Blumen und können sich genau wie diese nicht fortbewegen (also auch nicht vor dem Klimawandel davonlaufen!). Umweltschützer versuchen für das Great Barrier Riff den Status eines Einwohners Australiens zu erlangen – dann müsste die Regierung es wie ihre Bürger schützen.

JETZT WERDEN DIE OZEANE ECHT SAUER

Was bedeutet Ozeanversauerung?

Wie ein riesengroßer Schwamm nehmen die Ozeane CO_2 aus der Luft auf. So ist ein Viertel des menschengemachten CO_2 in den letzten 200 Jahren in den Ozeanen verschwunden. Das klingt erst mal super, denn CO_2 haben wir ja viel zu viel.

Aber was passiert damit? Ist es wirklich weg?
Das CO_2 wird im Meerwasser zu Kohlensäure umgewandelt. Das ist die Säure, die unsere Limonade zum Sprudeln bringt. Die Ozeane sprudeln davon zwar noch nicht, aber ihr Säuregehalt nimmt zu, und zwar seit Beginn des Industriezeitalters schon um fast 30 Prozent.

Vielen Meeresbewohnern bekommt das gar nicht gut. Die Kohlensäure macht es ihnen schwer, Kalk zu bilden, greift ihre Kalkschale an und löst sie sogar auf. Zu den gefährdeten Lebewesen gehören zum Beispiel Muscheln, Schnecken, Seeigel, Seesterne, Korallen (oje, noch ein Problem für die Korallen!) und Zooplankton.

Kein gutes Zeichen
Es wäre nicht das erste Mal, dass Tiere mit Kalkschalen vom Erdboden verschwinden. Geologen haben festgestellt, dass jedes große Artensterben in den Gesteinsschichten der Erde durch eine fehlende Kalkschicht markiert ist.

Das letzte Massensterben ist 65 Millionen Jahre her, wie die letzte fehlende Kalkschicht zeigt. Es wurde wahrscheinlich durch den Einschlag eines Meteoriten verursacht. Damals ging es außer den kalkbildenden Tieren der Ozeane auch den Dinosauriern an den Kragen.

WISSEN BISSEN

Von Zooplankton, winzigen, im Wasser treibenden Lebewesen, ernähren sich viele andere Tiere, riesige Blauwale genauso wie Sardinen und Heringe. Weniger Zooplankton bedeutet für sie weniger Nahrung und auch für uns weniger Fisch auf dem Teller.

OBERKANTE UNTERLIPPE

Was passiert, wenn der Meeresspiegel steigt?

Die Klimaerwärmung führt dazu, dass das Wasser der Ozeane wärmer wird und sich ausdehnt. Außerdem lässt sie die Gletscher der Erde und die Eisschilde ihrer Pole schmelzen, sodass das Wasser, das auf den Kontinenten als Eis lagerte, in die Weltmeere fließt. Beides lässt den Meeresspiegel ansteigen – heute weltweit etwa um 3,4 mm pro Jahr. Wenn das gesamte Landeis auftauen und ins Meer strömen würde, stiege der Meeresspiegel um ganze 66 Meter an!

Stellt euch vor, dann tollten in New York, Shanghai oder Venedig Delfine durch die Fußgängerzonen, Fischschwärme huschten von Haustür zu Haustür und auf Parkbänken würden Muscheln wachsen! – Zugegeben, das ist ausgedacht. Aber Forscher gehen davon aus, dass der Meeresspiegel bis zum Jahr 2100 (dann seid ihr Omas und Opas) um 1 Meter steigen könnte. Einige Inseln und Küstenstädte stünden unter Wasser.

Die größte Gefahr durch den Anstieg der Ozeane droht nicht den Städten der reichen Regionen der Erde, denn hier werden schon fleißig Vorkehrungen gegen die Fluten getroffen. Die Niederländer beispielsweise müssen ihr niedrig liegendes Land schon seit Jahrhunderten gegen das Meer verteidigen und sind Meister im Dämmebauen. In ärmeren Gegenden sieht es dagegen ganz anders aus.

Die 165 Millionen Einwohner von **Bangladesch** können dem steigenden Wasser kaum etwas entgegensetzen. Ihr Land liegt nur wenig höher als der Meeresspiegel. Die meisten Menschen sind arm und können weder sich noch ihr Land schützen. Wenn hier das Meer steigt, überflutet es die Felder und lässt sie versalzen, sodass dort nichts Essbares mehr wächst. Den Menschen selbst bleibt oft nur die Flucht auf das Dach ihrer Hütten. Werden die Überschwemmungen schlimmer, müssen sie umziehen.

Ähnlich ergeht es den **Malediven**, einem Staat aus 1196 Inseln im Indischen Ozean. Sie drohen im Meer zu verschwinden. Schon 2009 organisierte der damalige Präsident eine Klimakonferenz, um auf die Gefahr für seinen Staat aufmerksam zu machen. Die Konferenz erregte große Aufmerksamkeit, denn sie fand unter Wasser statt. Alle Minister mussten im Taucheranzug erscheinen. Mit wasserfesten Stiften unterschrieben sie eine Erklärung. Ihre Forderung: Die Welt muss ihren CO_2-Ausstoß drosseln!

Auf der kleinen Insel Bramble Cay im Norden des Great Barrier Riffs vor Australien war die **Bramble-Cay-Mosaikschwanzratte** zu Hause. Der Anstieg des Meeresspiegels führte dazu, dass die Insel überflutet wurde und vernichtete den Lebensraum der Tiere. Die Mosaikschwanzratte ist die erste Säugetierart, die der Klimawandel auf dem Gewissen hat.

WISSEN BISSEN

Schmilzt Eis, das im Wasser schwimmt (zum Beispiel das Packeis am Nordpol oder ein Eisberg), macht das für den Meeresspiegel keinen Unterschied. Denn das Schmelzwasser braucht genauso viel Platz wie vorher das Eis.

Warum ist Wald wichtig?

Regenwälder sind wahre Wunderwerke der Natur. Man nennt sie die grüne Lunge der Erde, denn sie atmen riesige Mengen CO_2 ein und geben dafür Sauerstoff wieder ab. Die Pflanzen und Böden der Regenwälder sind nach den Ozeanen der größte CO_2-Speicher der Welt, und sie strotzen vor Leben. Im riesigen Amazonas-Regenwald zum Beispiel kommen etwa die Hälfte aller auf dem Land lebenden Tier- und Pflanzenarten vor!

Der fruchtbare Boden des Regenwaldes ist auch bei den Menschen begehrt, denn sie können darauf Ölpalmen, Soja, Bananen und Kaffee anbauen. Deshalb werden riesige Waldflächen gerodet und an ihrer Stelle Plantagen angelegt oder Weideland für Viehherden geschaffen. Mit der Vernichtung des Waldes hört die grüne Lunge auf zu atmen. Der Wald kann kein neues CO_2 mehr binden und alles, was in ihm gespeichert war, wird wieder freigesetzt. Ein Fünftel des menschlichen CO_2-Ausstoßes entsteht auf diese Weise.

Stellt euch vor, jede Minute geht weltweit Wald in der Größe von 42 Fußballfeldern verloren!

WISSEN BISSEN

Früher war Deutschland größtenteils mit Wald bedeckt. Er wurde als Baumaterial und zum Heizen gebraucht, bis es vor 300 Jahren kaum noch Wald gab.
In Kolumbien wird der Regenwald seit 2018 wie ein Mensch behandelt. Wer ihm Schaden zufügt, kann bestraft werden.

Igitt Palmöl!
Palmöl steckt in vielem, das wir jeden Tag essen oder uns ins Gesicht schmieren, zum Beispiel in Eis, Hautcreme, Schokoladencreme und Tütensuppen. Darum: Wenn ihr sicher gehen wollt, dass bei euch kein Regenwald aufs Brot kommt, guckt euch die Zutatenliste auf der Verpackung an!

WEM DAS ESSEN DAVON FLIEGT

Wie ändern sich die Lebensgewohnheiten der Tiere?

Zugvögel verbringen die kalte Jahreszeit im Süden. Einige fliegen Tausende von Kilometern bis nach Afrika. Dass der Sommer bei uns durch die Klimaerwärmung schon früher beginnt, bekommen manche Vogelarten in ihren weit entfernten Winterquartieren gar nicht mit.

Dem **Trauerschnäpper** fällt es zum Beispiel zunehmend schwer, seine Jungen zu füttern. Denn die Raupen, die er liebt, verwandeln sich jetzt früher zu Faltern und fliegen ihm einfach davon.

Auch der **Kuckuck** gehört zu den Zugvögeln und reist jeden Winter nach Afrika. Dabei überquert er das Mittelmeer und die Sahara. Mitte April kommt er zurück in unsere Gegend, um seine Eier klammheimlich in fremde Nester zu legen. Doch jetzt gibt es ein Problem – manche Vögel, denen er sein Ei unterjubeln will, sind wegen der Klimaerwärmung schon früher zurückgekommen und längst am Brüten! Das bedeutet, der Kuckuck ist zu spät dran, und die Aufzucht seiner Jungen gefährdet.

Anders ergeht es dem **Siebenschläfer**. Wegen der angenehm milden Temperaturen verkürzt er seinen Winterschlaf und wird zum Frühaufsteher. Wenn er sich aber zu früh auf die Suche nach einer Höhle für seine Jungen macht, ist diese womöglich noch von einer Vogelfamilie bewohnt. Mit dem Nachwuchs seiner Vormieter macht der Siebenschläfer dann kurzen Prozess und freut sich über Mahlzeit und Wohnung!

Anpassen, Umziehen oder in die Röhre gucken! Die Blütezeit von Pflanzen, das Vorkommen von Insektenlarven und die Brutzeit von Vögeln hängen zeitlich zusammen und voneinander ab – verschiebt sich eins, müssen die anderen schnellstens hinterher!

Wohin, wenn es zu warm wird?

Um den steigenden Temperaturen zu entkommen, verschieben Tiere und Pflanzen ihren Lebensraum langsam aber stetig in den kühleren Norden und in die Berge hinauf.

In Deutschland freuen wir uns über die faszinierende **Gottesanbeterin** und den farbenfrohen **Bienenfresser** als neue Nachbarn in unseren Gärten. Fast unbemerkt wäre dagegen die asiatische **Tigermücke** nach Freiburg eingewandert. Würde sie nicht so fies und sogar am helllichten Tag stechen, hätte sie wahrscheinlich niemand als in Deutschland neue Art erkannt. An ihre Gepflogenheiten wollten sich die Leute in Freiburg nicht gewöhnen, deshalb gibt es jetzt Tigermückenbeauftragte, die die Neuankömmlinge vertreiben sollen.

Zum Glück brauchen wir uns noch keine Sorgen über die Tropenkrankheiten zu machen, die von Tigermücken in ihrer Heimat übertragen werden – für die ist es in Deutschland immer noch viel zu kalt.

Auch unter den zugewanderten Pflanzen gibt es weniger angenehme Spezies, besonders die **Ambrosia**. Sie sorgt mit ihren allergieauslösenden Pollen für dicke Augen und laufende Nasen.

Für Heuschnupfen-Geplagte hat die Klimaerwärmung noch weitere Ärgernisse parat: CO_2 sorgt für mehr Pollen, steigende Temperaturen und für eine längere Pollenflugsaison. Die Wirkung der Pollen wird durch die Luftverschmutzung außerdem verstärkt.

Tiere und Pflanzen können sich anpassen oder wegziehen. Ist beides nicht möglich, sterben sie aus. Besonders eng wird es für diejenigen Tiere, die bereits die Gipfel der Berge bewohnen. Wenn es etwa dem Schneeleoparden zu warm wird, weiß er nicht wo hin.

WISSEN BISSEN
Kängurus in Berlin? In etwa 30 Jahren könnte es in der Hauptstadt Deutschlands so warm sein wie heute in der Hauptstadt Australiens. Ob sich dann auch das australische Nationaltier hier heimisch fühlen wird?

Verwüstung

Wird das Wetter besser?

Blauer Himmel, Sonnenschein und Badeseetemperaturen von April bis Oktober – die letzten Sommer waren spitze!

Würden wir aber Bauern und Förster fragen, wären sie bestimmt anderer Meinung. Das tolle Wetter brachte gleichzeitig die schwersten **Dürren** in Mitteleuropa seit mehr als 60 Jahren.

Das Getreide auf den Feldern ließ die Ähren hängen, die Heuwiesen hörten auf zu wachsen und die Bäume warfen extra früh ihre Blätter ab, um sich vorm Vertrocknen zu schützen. Viele junge Bäume konnten sich selbst damit nicht retten. Es gab **riesige Waldbrände** und so **wenig Wasser** in den Flüssen, dass an manchen Stellen die Fische starben. Die Hitze hat uns selbst unseren Badespaß vermiest, denn in vielen Seen vermehrten sich massenhaft giftige Blaualgen.

Besonders älteren und kranken Menschen machen hohe Temperaturen zu schaffen. Für sie können sie sogar lebensbedrohlich sein.

In den letzten Jahrzehnten haben in Deutschland **Hitzewellen** mit Temperaturen über 30 Grad deutlich zugenommen.

Der Supersommer 2018 wurde in mancher Hinsicht ungemütlich, trotzdem hatten wir genug zu essen, und aus unseren Hähnen lief frisches Wasser. Wir kamen glimpflich davon, weil wir Lebensmittel aus anderen Ländern dazukaufen können, weil es staatliche Hilfen und Notfallpläne gibt, und weil bei uns ein dürres Jahr noch als Einzelfall gilt.

In anderen Regionen der Welt gibt es diese Hilfen nicht. In Teilen Ostafrikas zum Beispiel herrscht seit 2016 eine schlimme Dürre, die unter den armen Menschen eine Hungersnot ausgelöst hat.

Durch den Klimawandel werden einige Gegenden nicht nur wärmer, sondern auch trockener. Bleibt der Regen über mehrere Jahre aus, wird das Land unfruchtbar. Es verödet, bis es schließlich zur Wüste wird. Nichts wächst mehr, Menschen und Tiere können sich nicht mehr ernähren und müssen wegziehen.

Wissen Bissen

Weltweit wächst die Fläche an Wüsten pro Jahr etwa um die Größe Bayerns. Stark betroffen ist Spanien. Dort verwandeln sich ganze Landstriche in unfruchtbare Trockengebiete.

WILDES WETTER

Wird das Wetter schlechter?

Dorian, Irma, Maria und Michael – das sind nicht die Namen neuer Klassenkameraden, sondern vier besonders schwere Hurrikans, die zwischen 2017 und 2019 über dem Atlantik tobten. Allesamt Sturmkategorie 5, die höchste, die es gibt. Stürme dieser Kategorie erreichen Windgeschwindigkeiten von mehr als 250 km/h und türmen über 5,5 Meter hohe Wellen auf. So häufig wie in den letzten Jahren gab es so schwere Stürme noch nie.

Hurrikans entstehen in den Tropen. Dort bekommen sie ihre Energie aus dem warmen Wasser des Ozeans. Der Klimawandel, der die Meere aufheizt, füttert so auch die Stürme!

Die größte Zerstörung richtet oft aber gar nicht der Wind eines Sturmes an, sondern das Wasser. Mit seinen riesigen Regenmengen und meterhohen Sturmfluten zerstörte Dorian auf den Bahamas bis zu 13.000 Wohnhäuser; viele Menschen starben.

WISSEN BISSEN

In Amerika heißt ein Wirbelsturm Hurrikan, im Indischen Ozean Zyklon, im Westpazifik Taifun und in Australien Willy-Willy. Seinen Vornamen bekommt er von der zuständigen Wetterstelle.

Auch bei uns steigt mit der globalen Erwärmung die Wahrscheinlichkeit für Sturm, Sturmfluten, Starkregen und Überschwemmungen.
In den letzten 50 Jahren hat sich die Häufigkeit von extremen Wetterereignissen in Deutschland mehr als verdoppelt.

Wisst ihr, wie ihr euch bei Gewitter verhaltet? Hier sind ein paar Tipps: Fenster schließen. Nicht unter einem Baum Schutz suchen. Erwischt es euch auf freiem Feld, macht euch möglichst klein. Die Füße dabei zusammenstellen und hinhocken oder hinknien. Keinen Schirm aufspannen. In eine Mulde gehen statt auf einen Hügel. Beim Baden sofort aus dem Wasser kommen. Im Auto warten (achtet darauf, dass ihr nicht unter Bäumen parkt!).

Wenn ihr die Sekunden zwischen Blitz und Donner zählt, könnt ihr abschätzen, wie weit das Gewitter entfernt ist. Weniger als zehn, bedeutet: Es ist sehr nah und kann gefährlich sein.

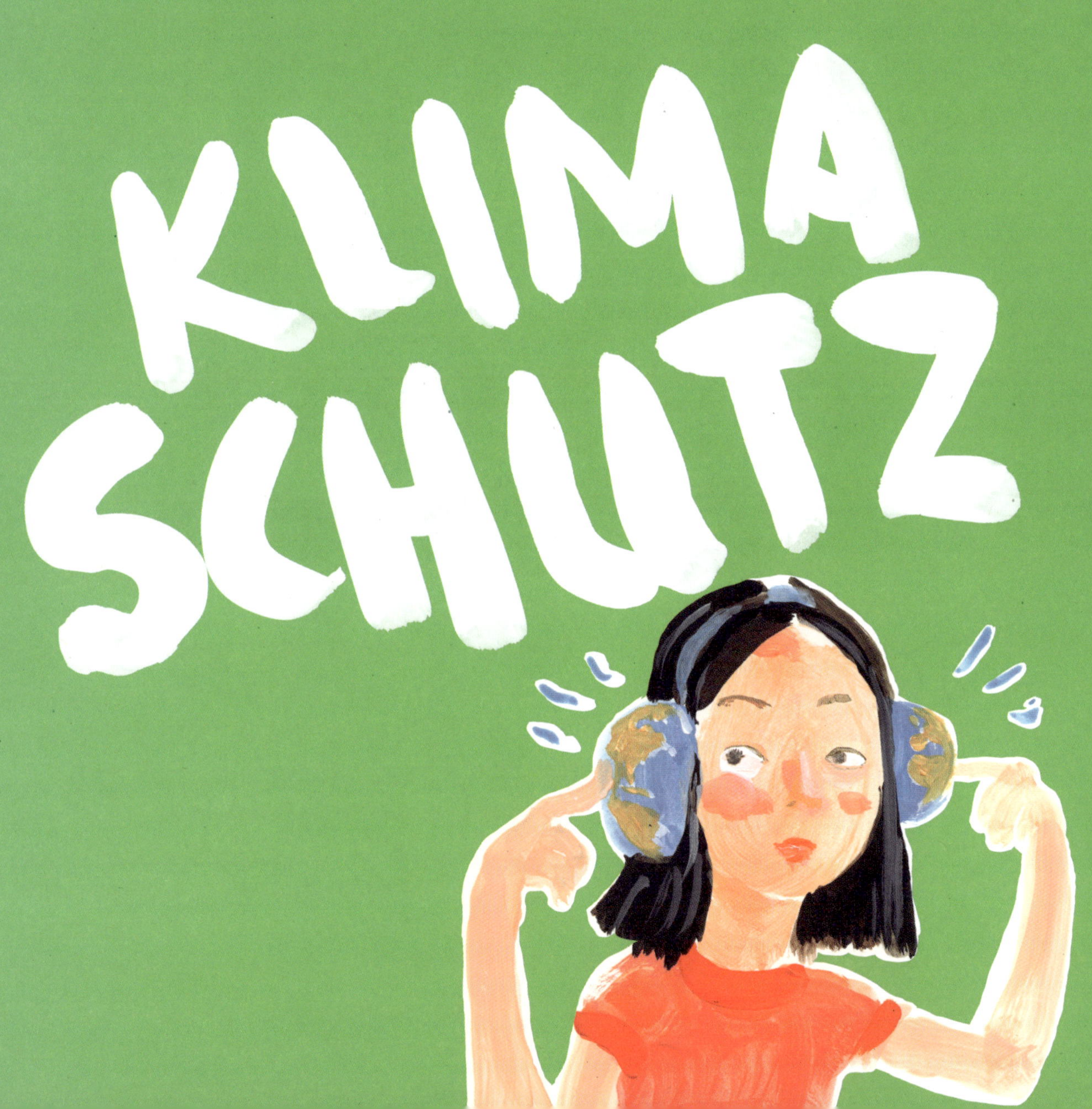
KLIMA
SCHUTZ

Wer sich die Suppe einbrockt, muss sie auch auslöffeln! Jetzt haben wir unseren Einfluss auf das Klima kennengelernt und einige Folgen, die das für unseren Planeten hat. Eine ganz schöne Suppe – bleibt noch das Auslöffeln! Vieles, was dem Klima guttut, hilft zum Glück auch uns Menschen.

In diesem Kapitel schauen wir, was Menschen und Klima gemeinsam gesund hält, und wie man kleine und große Brocken in Angriff nehmen kann!

ZEIGT HER EURE FÜSSE

Was ist ein CO_2-Fußabdruck?

Hat CO_2 Füße? Hinterlässt es Spuren? Nein. Wieso spricht man dann von einem CO_2-Fußabdruck?

Jede Person, jedes Tier, ja sogar fast alles, was wir unternehmen, verursacht CO_2.
Der CO_2-Fußabdruck beschreibt die Menge, für deren Ausstoß eine Person, ein Produkt oder eine Aktivität verantwortlich ist.

Großer Fußabdruck =
viel CO_2 = schlecht fürs Klima,
kleiner Fußabdruck =
wenig CO_2 = nett zum Klima!

Auf verschiedenen Webseiten könnt ihr euren CO_2-Abdruck ausrechnen. Dafür müsst ihr allerdings einiges wissen, zum Beispiel was ihr esst, wo ihr eure Lebensmittel einkauft, wie ihr euch fortbewegt, wie ihr wohnt, heizt und was ihr sonst noch so verbraucht.

Beim Ausfüllen merkt man schon, wir können unsere CO_2-Spur beeinflussen! Ob wir auf Zehenspitzen tänzeln, oder auf Riesenlatschen durch die Welt stapfen, hängt von unserem Verhalten ab.

Grundsätzlich bewegen wir uns in Deutschland mit unserem Lebensstil auf sehr viel größerem CO_2-Fuß als Menschen in ärmeren Ländern. Deshalb hat Deutschland sich das Ziel gesetzt, von 12 Tonnen CO_2 pro Person und Jahr auf unter eine Tonne zu kommen. Damit haben wir ganz schön viel vor!

Woher weiß ich, wie groß der CO_2-Fußabdruck von etwas ist?
Um den CO_2 Abdruck eines Produktes zu ermitteln, muss man bei der Gewinnung der Rohstoffe anfangen, man muss nachdenken über deren Transport, dann die Herstellung des Produktes, die Verpackung und den Verkauf, den Transport nach Hause, bis hin zum Recycling der Verpackung und des Produktes. Das alles zusammenzurechnen ist ganz schön kompliziert. Bei Haushaltsmaschinen, Fahrzeugen und Glühbirnen kommt hinzu, wie energiesparend sie im Betrieb sind.

Auf Lebensmitteln findet man verschiedene Siegel, die helfen, eine gute und umweltfreundliche Wahl zu treffen. Wir können beispielsweise sehen, ob die Hühner, deren Eier wir kaufen, im Stall oder im Freiland leben, wie viel Platz sie haben und ob sie Biofutter zu fressen bekommen.

Ein verlässliches Label, um zu sehen, wie viel CO_2 das Produkt in unserem Einkaufswagen verursacht, gibt es noch nicht. Dabei wäre das doch eine wirklich gute Idee!

Ahoi Apfel Guten Flug Ananas

Worauf kann man beim Einkaufen achten?

An einem sonnigen Tag im Juni gehen wir Äpfel kaufen. In der Auslage des Supermarktes gibt es Bio-Äpfel aus Argentinien und Bio-Äpfel derselben Sorte aus unserer Region.

Regional, saisonal, bio: 3 Klimahelden!
Beide Äpfel hatten eine super Kindheit am Baum. Bio-Anbau ohne chemischen Dünger und Pestizide bedeutet weniger Lachgas- und CO_2-Ausstoß als nicht-bio (konventioneller) Anbau und ist damit prima fürs Klima.

Mit der Reise von Argentinien nach Deutschland sieht es anders aus. Etwa 13.000 km liegen zwischen der Apfelplantage und unserem Einkaufswagen. Die knapp drei Wochen Reisedauer verbringt der Apfel konstant gekühlt im Lastwagen und auf dem Frachtschiff. Das kostet tüchtig Energie!

Der Apfel aus unserer Region dagegen hat mit kaum 100 Straßen-Kilometern eine viel kürzere Reise hinter sich. Super, vom Baum direkt in unsere Obstschale! Oder doch nicht?

Im Juni kann man in Deutschland keine Äpfel ernten. Um heute knackig und frisch in unserem Einkauf zu landen, lagert der regionale Apfel schon seit neun Monaten bei null Grad im Kühlhaus! Und das ist verheerend für seinen CO_2-Fußabdruck!

Bis etwa April hätte er im Klimarennen noch vor dem argentinischen Kollegen gelegen, danach aber überholt das Kühlhaus das Frachtschiff in Sachen CO_2-Ausstoß.

Wissen Bissen

Wer nachhaltig einkaufen möchte, sollte zum Laden radeln oder laufen, denn die Fahrt mit dem Auto hinterlässt in der Klimabilanz deines Einkaufs einen Fußabdruck wie ein Yeti.
Achte auf die Verpackung! Doppelt und dreifach eingeschweißt bekommt jedes Obst riesige Klima-Tatzen.

Und was ist mit der Ananas?
Ananas haben bei uns niemals Saison. Sie wachsen in den Tropen, zum Beispiel in Costa Rica oder auf den Philippinen. Besonders lecker sind sie, wenn sie reif geerntet und dann schnell per Flugzeug zu uns transportiert werden. Schaut man dann aber auf ihren CO_2-Abdruck, bleibt einem schnell das Flugobst im Hals stecken – er ist 170-mal so groß wie bei der gleichen Reise mit dem Schiff.

Dann eben Erdbeeren!
Die gibt's in Deutschland von Mai bis August frisch vom Feld! Schaut in einen Saisonkalender, um zu sehen, was gerade reif ist.

SPAGHETTI SCHNITZEL SPIEGELEI

Worauf kann man beim Essen achten?

Unsere Lebensmittel sind verantwortlich für rund ein Drittel der klimaschädlichen Gase, die wir Menschen produzieren. Kartoffelbrei, Käsespätzle, Kichererbsen, Kirschkuchen, Kabeljau – essen müssen wir! Aber was schmeckt uns und dem Klima?

Jeder Mensch braucht im Schnitt etwa 2000 kcal (Kilokalorien) pro Tag. (Wenn es um Nahrung geht, wird Energie in Kalorien gemessen.) Daran können wir kaum etwas ändern, wohl aber daran, was wir essen. Und das macht tatsächlich einen enormen Unterschied!

Um eine Kalorie in Form von Fleisch auf den Teller zu bekommen, braucht man im Schnitt rund zehn Kalorien an Getreide, um das Tier zu füttern.

Würde alles Getreide direkt als Nahrungsmittel für Menschen benutzt, statt damit Tiere wegen ihres Fleisches, ihrer Milch oder ihrer Eier zu füttern, reichte es für 4 Milliarden Menschen mehr. (Zum Vergleich: Heute leben etwa 7,6 Milliarden Menschen auf der Erde.)

Würden wir statt Rindfleisch nur noch Schweinefleisch oder Geflügel essen, könnte dieselbe Menge an Getreide 357 Millionen Menschen mehr ernähren.

Bei einer vegetarischen Ernährung, also ohne Fleisch, aber mit Eiern und Milchprodukten, reichte die gesamte Getreideernte um 815 Millionen Menschen mehr satt zu machen.

Soviel CO_2 steckt in unserem Essen:
(verursachtes CO_2 pro Kilogramm Lebensmittel)

Rindfleisch: 12,29 kg CO_2
Schweinefleisch: 4,15 kg CO_2
Hühnerfleisch: 3,7 kg CO_2
Fisch: 6,29 kg CO_2
Milch: 1,44 kg CO_2
Käse: 5,82 kg CO_2
Nudeln: 0,46 kg CO_2
Tofu: 1,66 kg CO_2
Tomaten (Freiland): 0,77 kg CO_2
Tomaten aus der Dose: 1,87 kg CO_2

HOPP UND WEG

Was hat Müll mit Klimaschutz zu tun?

Wenn man Produkte länger benutzt, muss man weniger neue herstellen und braucht weniger Energie und Rohstoffe. Das ist gut fürs Klima. Klingt logisch!

Trotzdem wandern viele Dinge unseres täglichen Lebens nach nur wenigen Minuten Gebrauch in den Müll – Verpackungen und Einwegprodukte wie Strohhalme zum Beispiel.

In Deutschland verursacht jeder Mensch pro Jahr 450 kg Haushaltsabfall. Was die Verpackungen betrifft, sind wir sogar trauriger Europameister – niemand produziert pro Kopf soviel Verpackungsmüll wie wir in Deutschland. Da kann noch nicht einmal unser gutes Recylinggewissen trösten, obwohl wir bei der Wiederverwertung in Europa Spitzenreiter sind.

Der beste Müll ist immer noch der, den man gar nicht erst macht!

Gerade noch in, jetzt out?
Vorgestern Zauberer, gestern Superheldin, heute intergalaktischer Halunke, morgen Sportikone, übermorgen Popstar – was wir toll finden, ändert sich schnell und hält oft viel weniger lang als die Dinge, die wir uns gewünscht haben. Was tun mit den Sachen, die wir nicht mehr haben möchten?

Mission: neuer Freund für alten Drachen
Vor eurer Haustür, auf dem Flohmarkt, dem Schulbasar oder als Spende – was bei euch aus der Mode gekommen ist, findet bestimmt woanders ein neues Zuhause.

Coole Klamotten für ein cooles Klima
Egal ob sich Geschmack oder Kleidergröße ändern – neu muss nicht nagelneu sein. Vielleicht kommt euer Lieblingsstück aus dem Schrank der besten Freundin, dem Secondhandladen oder ist aus recycelten Rohstoffen hergestellt. Womöglich war es kaputt und hat durch eine Reparatur und ein paar gute Ideen ein neues Gesicht bekommen!

Weniger ist mehr
Überlegt immer genau, welche Dinge euch wirklich wichtig sind und worauf ihr verzichten könnt, denn Konsum und Klima sind keine Freunde.

WISSEN BISSEN

Manche Produkte sind so hergestellt, dass man sie nicht reparieren kann. Auch wenn nur ein kleines Teil kaputt ist, muss man das ganze Ding neu kaufen. Das ist gut für den Profit von einigen und schlecht für unser aller Klima.

Mülldeponien setzen Methan frei, ein sehr starkes Treibhausgas. Mülltrennung und Recycling reduzieren den Ausstoß.

NEULAND

Was hat Plastik mit Klimawandel zu tun?

Die Menge an Plastik, die wir produzieren, wird Jahr für Jahr größer, und mit ihr steigt der Ausstoß an klimaschädlichem CO_2. Die weltweite Plastikproduktion und -entsorgung in einem Jahr verursacht soviel Treibhausgase wie mehr als 135 Kohlekraftwerke in der gleichen Zeit.

Ein großer Teil des **Plastikberges** landet noch dazu achtlos in den Weltmeeren und treibt dort in Form von Müllinseln herum. Diese Plastikstrudel sind inzwischen so groß wie ganze Kontinente. Die UNO befürchtet sogar, dass es 2050 mehr Plastik als Fische in den Meeren geben könnte.

Diese Plastikflut vermindert die Fähigkeit der Ozeane, CO_2 aufzunehmen und zu speichern (von dieser Fähigkeit hatten wir schon im Kapitel über die sauren Ozeane gesprochen). Damit wird einer der wichtigsten CO_2-Puffer unseres Planeten geschwächt. Gleich auf zweifache Weise erhöht Plastik also den CO_2-Wert in der Atmosphäre: durch mehr Ausstoß und weniger Puffer.

Plastik ist ein wahrer Überlebenskünstler. Bis zu 450 Jahre dauert es, so wird geschätzt, bis zum Beispiel Plastikflaschen und Babywindeln im Ozean abgebaut sind. Im Laufe dieser Zeit zerfällt das Plastik in immer kleinere Teilchen. Dieses **Mikroplastik** ist irgendwann so klein, dass es ungesehen überall hingelangt – in jedes Gewässer, in die Böden und in die Lebewesen, auch in unsere Mägen.

Was tun?
Obwohl die Deutschen Müll trennen wie sonst niemand, wird weniger als ein Drittel unseres Kunststoffabfalls wieder zur Herstellung neuer Produkte verwendet. Der Rest wird verbrannt oder in andere Länder verschifft. Bestimmt könnten höhere Preise für neues Plastik das System in Schwung bringen.

Noch besser als Recyceln ist es, Plastikmüll so gut es geht zu vermeiden. Ob Mehrwegflaschen, Stofftaschen, lose Waren, Nachfüllservices, Papier-und Glasverpackungen, Zahnputztabletten oder Shampoo am Stück – es gibt super Möglichkeiten, dem Plastik hier und da ein Schnippchen zu schlagen!

FUSSGÄNGER HABEN KEINEN AUSPUFF

Wie kommt man ohne CO_2-Fußabdruck voran?

Um uns von einem Ort zum anderen zu bewegen, brauchen wir Energie. Zum Glück lernen wir schon im Alter von etwa einem Jahr die klimafreundlichste Art der Fortbewegung – das Laufen! Und später kommen noch hüpfen,

rennen, skaten, rollern, radeln, springen, staksen, schlurfen, galoppieren, tanzen, moonwalken und auf Händen laufen hinzu! All diese Arten der Fortbewegung machen keinen Dreck und ganz nebenher halten sie uns fit!

Der CO_2-Ausstoß unserer Fortbewegung:
(pro Person und gefahrenem Kilometer)

Auto: 139 g

Bus: 75 g

U-Bahn/ S-Bahn/ Tram: 64 g

Radfahren oder zu Fuß gehen: kaum mehr als ihr sowieso zum Leben braucht.

Wie viel CO_2 hinterlasst ihr auf dem Schulweg?
Ihr könnt es ausrechnen: Dafür nehmt ihr die Strecke zur Schule mal 2 (für Hin- und Rückweg) und multipliziert sie mit dem CO_2-Ausstoß des jeweiligen Verkehrsmittels. Raus kommt euer Schulweg als CO_2-Fußabdruck.

Wenn ihr euch überlegt, dass ihr euren Schulweg pro Jahr ohne Ferien und Wochenenden ungefähr an 190 Tagen macht, könnte ganz schön was zusammenkommen! Nämlich:
Strecke x 2 x 190 x CO_2-Ausstoß pro km = CO_2-Fußabdruck für ein Jahr Schulweg.

Eine normale Buche mit 25 m Höhe kann etwa 12,5 kg CO_2 pro Jahr binden.
Wie viele Buchen braucht euer Schulweg?

WISSEN BISSEN

Ein geparktes Auto braucht 10-mal soviel Platz wie ein geparktes Fahrrad.
Über 95 Prozent der Kinder im Alter zwischen 7 und 13 Jahren haben ein Fahrrad.

ABGEFAHREN

Welche CO_2-Spur hinterlassen Autos, Schiffe und Flieger?

Nach Amerika kann man leider nicht laufen, höchstens segeln, aber das dauert. Auf manchen Strecken wollen wir fahren, ein Schiff nehmen oder sogar fliegen. Autos, Lastwagen, Schiffe, Züge und Flugzeuge verbrennen in ihren Motoren Benzin, Diesel oder Kerosin. Diese Kraftstoffe werden aus Erdöl gewonnen und setzen beim Verbrennen CO_2 frei. Nimmt man all unseren Verkehr weltweit zusammen, bläst er fast ein Fünftel des menschengemachten CO_2 aus den Auspuffen oder Schornsteinen.

Obendrein verpesten Ruß, Feinstaub und Motorenlärm unsere Nasen und Ohren. Hüstel! Geht das auch anders?

Nicos neuer Wagen
Man hört sie kaum, riecht sie nicht und tankt an der Steckdose: Elektrofahrzeuge! Es gibt E-Autos, E-Mopeds, E-Bikes, E-Roller und E-Rennwagen! Auch Formel 1 Weltmeister Nico Rosberg ist auf Formel E umgestiegen, und sein neuer Wagen beschleunigt sogar schneller als der, in dem er Weltmeister wurde.

Die **Batterie** ist jedoch immer noch der Hinkefuß der Elektromobilität, denn ihre Herstellung ist ziemlich umweltschädlich. Dadurch wird der CO_2-Fußabdruck eines E-Autos erst über die Jahre seiner Nutzung kleiner als der eines Dieselwagens.

Kurzstreckenflüge nur für Insekten
Flugzeuge hinterlassen eine enorme CO_2 Spur am Himmel. Jedes andere Verkehrsmittel ist da netter zum Klima. Ein Hin-und Rückflug von Berlin nach Köln zum Beispiel verursacht 248 kg CO_2 pro Person. Wenn man allein in einem Auto mit Benzinmotor dieselbe Strecke fährt, kommt man auf 215 kg, im Elektroauto reduziert sich der CO_2-Ausstoß auf 142 kg, die Bahn (sie fährt auch hauptsächlich elektrisch) ist viel sparsamer, und kommt mit 40 kg CO_2 pro Passagier auf dieser Strecke aus, im Fernbus sind es sogar nur 26 kg.

SONNE LEER?

Was ist erneuerbare Energie?

Elektrische Antriebe sind also besser. Aber woher kommt der Strom, den sie verbrauchen?

Damit elektrische Energie bei uns aus der Steckdose kommt, muss sie aus anderen Energieformen in Strom umgewandelt werden. In Kraftwerken wird zum Beispiel Kohle oder Erdgas verbrannt um Wärme zu erzeugen. Die Wärmeenergie wird von Turbinen und anderen Generatoren in Strom verwandelt. Ein Nebenprodukt dieser Art von Energiegewinnung ist leider auch ziemlich viel CO_2.

Die fossilen Brennstoffe auf der Erde sind begrenzt und werden irgendwann aufgebraucht sein. Man kann aber auch aus Sonnenlicht, Wind oder Wasser Energie erzeugen. Diese Energiequellen wird es immer geben. Man nennt sie deshalb auch erneuerbare Energien. Ende 2020 kamen in Deutschland knapp 46 Prozent des Stroms aus erneuerbaren Energiequellen. Bis 2030 sollen es 65 Prozent sein.

Wie gewinnt man erneuerbare Energie?

Für die Gewinnung von erneuerbarer Energie muss nichts verbrannt werden. Das ist schon mal viel besser fürs Klima.

Windräder verwerten über ihre Rotorblätter die Kraft des Windes und gewinnen daraus Elektrizität.

Die Energie der **Sonne** kann mit Solarzellen in elektrische Energie umgewandelt werden oder direkt zum Heizen verwendet werden.

Wasser treibt in Staudämmen Turbinen zur Stromgewinnung an, Gezeitenkraftwerke nutzen die Kraft von Ebbe und Flut.

Gezeiten aber gibt es nur am Meer, und die Sonne scheint nur tagsüber! Nicht überall und nicht zu jeder Zeit kann man erneuerbare Energie gewinnen. Könnte man nur bei Sonnenschein das Licht anschalten, wäre das ziemlich sinnlos!

Man muss die Energie also **speichern und transportieren**, damit sie zur richtigen Zeit am richtigen Ort verfügbar ist. Zum Speichern gibt es viele verschiedene Ideen, vom Wasserspeicher hoch oben im Gebirge bis zu Druckluftspeichern tief unter der Erde. Auch für den reibungslosen Transport der Elektrizität wird in alle Richtungen geforscht.

Einfach mal abschalten

Wie kann man Strom sparen?

Energie aus erneuerbaren Quellen schont das Klima. Noch besser geht es dem Klima, wenn wir einfach weniger Strom verbrauchen. Mit ein paar Kniffen lässt sich schon einiges ausrichten!

Was leuchtet im Dunkeln? Kontrolllämpchen überall! Bei vielen Geräten bedeutet aus nicht ganz aus. Sie fressen im Stand-by Zustand fröhlich weiter Strom. Richtig ausschalten oder den Stecker ziehen hilft!

Licht aus, Spot an! Schaltet das Licht am besten nur dort an, wo ihr es gerade braucht und ersetzt alte Glühlampen durch LED- oder Energiesparlampen.

Deckel drauf! Töpfe mit Deckel und Schnellkochtöpfe sparen Energie. Wenn ihr beim Teekochen nur soviel Wasser in den Wasserkocher füllt, wie in eure Tasse passt, hilft das dem Klima. Frühstückseier kann man in kaltem Wasser aufsetzen, und wenn das Wasser einmal gekocht hat, könnt ihr den Herd ausstellen, denn auch wenn das Wasser nicht mehr sprudelt, macht es euer Ei in 5 Minuten zum Fünf-Minuten-Ei. So könnt ihr die Kochzeit und den Energieverbrauch verringern.

A+++ wie ausgezeichnet, G wie gruselig. Die Energieklasse von Haushaltsgeräten verrät, wie klimafreundlich sie sind. Damit ein Kühlschrank nicht umsonst kühlt, immer schnell die Tür zumachen und nichts Warmes reinstellen. Nur volle Waschmaschinenladungen waschen. Die Wäsche aufhängen statt im Trockner trocknen. Das Geschirrspülen dem Geschirrspüler überlassen. Wenn er voll beladen an die Arbeit geht, macht er das energiesparender als wir.

Kuschelige Raumtemperatur? Lieber einen dickeren Pulli anziehen, und dafür die Heizung ein bisschen weniger aufdrehen. Dazu clever lüften: Einige Minuten richtig Durchzug bringt mehr als ein ständig gekipptes Fenster.

Warmduscher? Duschen statt Baden spart warmes Wasser und Energie. Während des Haarewaschens das Wasser abzustellen auch. Klar, wer kalt duscht, braucht noch weniger Energie. Brrrrrr!

Filmreif? Das Streamen von Videos saugt große Datenmengen aus dem Internet. Die Speicherung der Daten auf riesigen Servern und ihre Übertragung kostet viel Energie. Weltweit wird für Streaming soviel Strom verbraucht wie alle privaten Haushalte in Deutschland, Italien und Polen zusammen benötigen. Einige Streamingdienste verwenden immerhin erneuerbare Energie.

WISSEN BISSEN

In der EU (Europäischen Union) sind seit 2008 Glühbirnen verboten, die nicht energieeffizient sind. Derzeit ist die LED-Technologie die sparsamste Art Licht für den Hausgebrauch zu erzeugen.
Manches kann man aber erst sehen, wenn das Licht aus ist – Sterne zum Beispiel!

Alles so schön grün hier

Wie wohnt man klimafreundlich?

Wissen Bissen

Die Bäume in unseren Städten fallen uns selten auf, es sei denn wir wollen gerade unser Fahrrad daran anlehnen oder Wuffi möchte das Bein heben. Dabei haben sie viele tolle Eigenschaften: Sie kühlen, spenden Schatten, machen aus CO_2 Sauerstoff, filtern den Feinstaub aus der Luft, schlucken Lärm, sind für uns eine Augenweide und Lebensraum für Tiere.

Wie wir unsere Städte, Häuser, Straßen, Parks und Gärten bauen, entscheidet darüber, wie angenehm wir dort wohnen und auch wie klimafreundlich.

Wir heizen oder kühlen, haben Südfenster und Sonnenrollos, Wärmedämmung und Ventilatoren. Damit das angenehme Klima in unseren Häusern nicht auf Kosten des Planeten geht, müssen wir mit Wärme, Luft und Licht schlau haushalten.

Durch gute Dämmung, Sonnenwärme und intelligente Bauweise kann zum Beispiel ein Haus ganz ohne Heizung auskommen!

Schon bei der Wahl der Baumaterialien geht es ums Klima, denn Zement ist ein CO_2-Schwergewicht. Ganze 8 Prozent des weltweiten CO_2-Ausstoßes werden bei der Zementproduktion verursacht (im Kapitel über den Kohlenstoff haben wir schon mal über Zement und CO_2 gesprochen).

Bühne frei für alternative Materialien und futuristische Bauwerke: Wolkenkratzer aus Holz, Algen-Fassaden, Hochkant-Gärten, Bauernhof-Türme – so einige tolle Ideen werden schon gebaut!

Und was ist mit dem Raum zwischen den Gebäuden? Welche Wege wir zurücklegen und mit welchem Verkehrsmittel wir das tun, ist wichtig für gute Luft und gutes Klima. Aber wer radelt schon gerne auf vierspurigen Straßen, oder spaziert durch dunkle Unterführungen? Wer möchte auf den Bus warten in Häuserschluchten, in denen es zieht wie Hechtsuppe?
Wir können unsere Wohnhäuser, Schulen und Läden verbinden mit einem grünen Netz aus Parks, Gärten und Straßen. Die Stadt von morgen haben wir in der Hand und sollten sie uns schön machen!

WISSEN BISSEN

In Schweden gibt es seit 1991 eine CO_2-Steuer. Heute ist der CO_2-Ausstoß Schwedens viel geringer als der anderer vergleichbarer Staaten.
Deutschland hat im Jahr 2012 laut dem Umweltbundesamt 57 Milliarden Euro für umweltschädliche Subventionen ausgegeben. (Subventionen sind staatliche finanzielle Hilfen, die an Unternehmen zur wirtschaftlichen Förderung gezahlt werden)

WAS KOSTET DIE WELT?

Was können Industrie und Politik fürs Klima tun?

Jetzt haben wir viel darüber gehört, was jeder in Sachen Energiesparen und Klimaschutz beitragen kann – auf einige große Brocken haben wir einzeln allerdings nur wenig Einfluss.

Die Industrie ist in Deutschland der zweitgrößte CO_2-Verursacher direkt nach den Energieunternehmen. Besonders die Herstellung von Eisen und Stahl, die Produktion von Zement und die chemische Industrie, die zum Beispiel Kunststoff und Farben produziert, haben einen gewaltigen CO_2-Fußabdruck.

Wirtschaft auf CO_2-Zehenspitzen – geht das?
Genau wie Einzelpersonen können Unternehmen darauf achten, weniger Energie zu verbrauchen, Materialien sparsam einzusetzen, sie zu recyceln und Recyceltes wieder zu gebrauchen. Mit guten Ideen und mehr Forschung lassen sich nicht nur energiesparende Produkte entwickeln, sondern auch Maschinen und Prozesse, die deren Herstellung klima-fit machen.

Was bringt uns dazu etwas fürs Klima zu tun?
Entweder unser Gewissen oder unser Geldbeutel möchten sich zusammen mit dem Klima freuen. Wem das gute Gewissen nicht zur Freude reicht, dem helfen finanzielle Anreize.

Wäre CO_2-Ausstoß teuer, würden klimafreundliche Unternehmen mehr Geld verdienen als Umweltverschmutzer. Umweltschädliche Produkte würden teurer als umweltfreundliche.

Gäbe es eine Kennzeichnung, wie CO_2-arm eine Firma und ihr Produkt ist, könnten sich Kunden auf Grund dessen für dieses Produkt entscheiden.

Wenn Ideen, die gut für das Klima sind, belohnt würden, könnten mehr Leute sich darüber Gedanken machen.

Wer hat das Sagen?
Große Unternehmen sind mächtig, weil viele Jobs von ihnen abhängen oder viele Menschen ihre Produkte brauchen. Sie handeln in einem geregelten Markt, den die Politiker eines Landes bestimmen. Die Politiker werden von uns gewählt um im Interesse aller zu regieren und Regeln zu machen, die allen gut tun. Klimaschutz ist im Interesse aller, sonnenklar, oder?

Was spricht dagegen?
Es ist immer schwer etwas zu opfern – Geld zum Beispiel für ein teureres, aber klimafreundliches Produkt, eine schöne Aussicht für eine hässliche aber klimafreundliche Windturbine, eine leckere Gewohnheit für ein neuartiges Essen, die eigene Bequemlichkeit für das Wohl aller.

THINK BIG

Wie löst man ein Welt-Problem?

Wer schon mal versucht hat, mit vielen gemeinsam einen Entschluss zu fassen, weiß wie kniffelig das ist. Es gibt unzählige Vorschläge und noch mehr Meinungen. Jeder ist sicher, selbst die beste Idee zu haben und möchte die anderen davon überzeugen. Bei jeder Entscheidung gibt es gefühlte Gewinner und Verlierer. Kann die ganze Welt einen Kompromiss finden, mit dem alle zufrieden sind? Sogar das Klima?

Die Weltklimakonferenzen
Sie finden seit 1995 jährlich statt, um das globale Problem der Klimaerhitzung zu lösen. Fast 200 Staaten nehmen teil und entscheiden gemeinsam. Insgesamt kommen mehr als 20.000 Personen auf die Konferenz.

Der Weltklimarat
Als Grundlage für die Diskussion trägt er Forschungsergebnisse zusammen. Seine Berichte gelten als zuverlässigste wissenschaftliche Dokumentation des Klimawandels.

Die Interessengruppen

Die an der Konferenz beteiligten Staaten haben sich zu verschiedenen Interessengruppen zusammengeschlossen. Jede dieser Gruppen verfolgt unterschiedliche Ziele.

EU Gruppe: Die Länder der Europäischen Union (EU) treiben den Klimaschutz voran.

G77: 134 Entwicklungsländer fordern Entschädigung für die Umweltverschmutzung.

Umbrella Group: Industrieländer (nicht EU) wollen ihre Wirtschaft nicht einschränken.

Aosis: Die Allianz kleiner Inselstaaten, die akut vom Meeresspiegelanstieg bedroht sind.

LMG (LMDC): Etwa 26 gleichgesinnte Länder wollen ihre Wirtschaft stärken ohne strenge Richtlinien.

LDCs: rund 50 am wenigsten entwickelte Länder wollen Hilfe beim Klimaschutz.

Wichtige Meilensteine

Auf der **Umweltkonferenz in Rio de Janeiro** in Brasilien wurde 1992 die Klimarahmenkonvention beschlossen. Sie war der erste internationale Vertrag, der den Klimawandel als Problem anerkannte und sich zum Ziel setzte, ihn einzudämmen.

Das **Kyoto Protokoll** auf der 3. Klimakonferenz 1997 im japanischen Kyoto legte zum ersten Mal verbindliche Ziele für den Ausstoß von Treibhausgasen für Industrieländer fest.

Der 21. Klimagipfel, der 2015 in Paris stattfand, brachte das **Pariser Abkommen** hervor, in dem das **Zwei-Grad-Ziel** als maximale Klimaerwärmung verbindlich für alle teilnehmenden Staaten festgeschrieben wurde.

WER IST DRAN MIT MÜLL RAUSBRINGEN

Wer muss was tun?

Bei den Klimakonferenzen geht es nicht nur darum, was getan werden muss, sondern auch darum, wer es tun muss. Um die Haltung der Staaten und Interessengruppen in dieser Diskussion zu verstehen, hilft es, sich ihre Argumente genau anzuschauen.

Ein wichtiger Gedanke ist, dass diejenigen, die den Klimawandel verursacht haben, auch dafür verantwortlich sind, den Dreck wieder wegzumachen. Klimagerechtigkeit nennt man das.

Wer hat den Dreck gemacht?
Der CO_2-Ausstoß der einzelnen Staaten war und ist sehr unterschiedlich. Dabei fällt auf: Besonders viel CO_2 wird von reichen und besonders wenig von armen Staaten verursacht. So trug 2018 zum Beispiel jeder Deutsche mit einem jährlichen Ausstoß von über 9 Tonnen CO_2 fast doppelt soviel zum Klimawandel bei wie ein Mensch im weltweiten Durchschnitt. Der lag bei 5 Tonnen. Ein US-Amerikaner sorgte mit 16 Tonnen CO_2 pro Jahr für noch mehr Klimadreck. Das afrikanische Land Nigeria dagegen beeinflusste die Klimaerhitzung kaum. Weniger als eine halbe Tonne betrug dort der CO_2-Ausstoß pro Person und Jahr.

Wer muss alles ausbaden?
Die Auswirkungen des Klimawandels sind von Land zu Land unterschiedlich stark. Viele Länder, die unter steigendem Meeresspiegel, Überflutungen, Dürren und Stürmen leiden, liegen in armen Regionen der Welt. Die Menschen dort können dem kaum etwas entgegensetzen.

Und wer muss den Dreck wegmachen?
Die Urheber des Klimawandels sind also nicht dieselben Länder, die von den Folgen betroffen sind. Deshalb fordern besonders ärmere Länder die reichen auf, Verantwortung zu übernehmen und auch mehr als andere für den Klimaschutz zu tun.

Dabei geht es:
Um finanzielle Hilfen, die arme Länder dabei unterstützen, klimafreundlicher zu werden und sich den veränderten Klimabedingungen anzupassen.

Um Ausgleichszahlungen für durch den Klimawandel entstandene Verluste und Schäden (wegen Dürre ausgefallene Ernten zum Beispiel).

Um die Weitergabe von Wissen und technischen Geräten, für deren Erforschung hauptsächlich reiche Staaten Geld ausgeben können.

Um strengere Klimaschutzregeln für wohlhabende Staaten als für Staaten, deren Wirtschaft auf einem niedrigeren Stand ist.

GEHT DOCH!

Welche Erfolge hat der Klimaschutz schon erzielt?

Wenn man an einer großen Aufgabe arbeitet, hilft es, sich immer mal vor Augen zu halten, was man schon geschafft hat. Dadurch merkt man, dass es klappen kann und verliert nicht so leicht unterwegs den Mut. Deshalb sehen wir uns hier beispielhaft einige tolle Erfolge von Klimafreundlichkeit an.

Ein kleines Dorf zeigt's allen

Der Ort Wildpoldsried im Süden Deutschlands macht vor, wie man auf Energie aus fossilen Brennstoffen verzichten kann. Die kleine Gemeinde produziert aus erneuerbaren Quellen wie Wind, Sonne, Biogas und Wasser sogar siebenmal soviel Energie, wie sie braucht. Ganz Deutschland dagegen traut sich erst bis 2050 zu, ganz auf erneuerbare Energie umzusteigen.

Baumpflanzweltrekord

Das afrikanischen Land Äthiopien pflanzte im Sommer 2019 innerhalb eines Tages 350 Millionen Bäume. Damit hat es den Baumpflanzweltrekord von Indien mit 50 Millionen Setzlingen an einem Tag überholt. Mit dieser Aktion will Äthiopien den Klimawandel und dessen Folgen bekämpfen, denn es ist besonders von der Ausbreitung von Wüsten betroffen.

Willkommen zurück, Regenwald!

In Bolivien in Südamerika wurde erfolgreich damit begonnen, abgeholzten Regenwald wieder aufzuforsten. Die Baumschulen, in denen die kleinen Bäume aufgezogen werden, arbeiten mit Schulen zusammen. Die Schüler helfen beim Pflegen und Pflanzen der Bäume und kennen sich so bald super mit dem Regenwald aus.

Plastiktütenverbot

In dem ostafrikanischen Land Ruanda sind schon seit mehr als zehn Jahren Plastiktüten verboten. Seitdem hängt nicht mehr überall Plastikmüll in den Bäumen herum. Obsthändler packen ihre Produkte jetzt in Zeitungspapier statt in Einwegtüten. Andere afrikanische Staaten wie Kenia und Tansania sind Ruandas Beispiel gefolgt. In Deutschland sind Plastiktüten ab 2022 verboten.

WISSEN BISSEN

Eine englische Studentin hat aus Fischschuppen (davon bleiben bei der Verarbeitung von Speisefisch Unmengen unbenutzt übrig) und Algen eine Folie hergestellt. Sie ist durchsichtig und flexibel wie Kunststoff – aber kompostierbar. Das Material heißt MarinaTex. Sie wurde dafür 2019 mit dem James Dyson Award ausgezeichnet.

ZUKUNFT IST FÜR ALLE DA!

Aber das meiste davon gehört euch!

Die Zukunft derer, die heute jung sind, dauert eben länger als die der älteren. Und ob wir es wollen oder nicht, den Schlamassel, den die Erwachsenen verzapfen, werden die Kinder ausbaden! Dabei ist es nicht so, dass wir Erwachsenen uns keine Mühe geben – einige bemühen sich inzwischen wirklich sehr. Aber das hat ganz schön gedauert. Und ehrlich gesagt, wenn ihr nicht laut geworden wäret, würden viel mehr von uns noch immer pennen.

Ihr habt also wirklich etwas Großes erreicht! Weiter so! Meckert! Seid ungemütlich! Lasst uns nicht in Ruhe! Und wenn wir unsere Hausaufgaben nicht erledigen, verdienen wir Sechsen und blaue Briefe!

Eine einzige Person hat viele andere motiviert und mit Fridays For Future eine weltweite Bewegung ins Rollen gebracht. Man muss weder erwachsen, noch mächtig sein, um einen Unterschied zu machen. Danke Greta!

Trotzdem tragt ihr die Verantwortung für die Erde nicht auf euren Schultern. Wir Erwachsenen sind dran. Wir müssen euch Kinder schützen und eine Welt hinterlassen, in der ihr gut leben könnt. Angesichts der Probleme, die den ganzen Planeten betreffen, gilt diese Verpflichtung umso mehr.

Für euch sollte sich der frische Wind, den ihr in die Klimadiskussion gebracht habt, nach Aufbruch und Möglichkeiten anfühlen, nicht nach Verzweiflung und Druck. Es gibt Raum für Ideen. Ihr könnt etwas besser machen – egal ob heute oder in zehn oder zwanzig Jahren. Die Klimakrise ist eine Herausforderung. Sie braucht Entdeckerinnen, Erfinder, Tüftlerinnen, Durchhalter, Forscherinnen, Ideenspinner, Querulantinnen, Streitschlichter, Entscheiderinnen, Macher, Beschützerinnen, Retter und Heldinnen. Haut rein! Und dazu gehört dann auch, später an politischen Wahlen teilzunehmen.

WISSEN BISSEN

Die Coronapandemie zwang die Menschen weltweit, viele Aktivitäten zu unterbrechen. Das machte unseren Einfluss auf die Umwelt deutlich sichtbar. Die Natur atmete auf.
In Indien lichtete sich der Smog und der Himalaya war zu sehen, die Bewohner der Ozeane freuten sich über die Stille und in den Städten tauchten Tiere auf, die dort schon lange nicht mehr gewesen waren.

GLOSSAR

Atmosphäre – die Hülle aus Gas, die die Erde umgibt. Man unterteilt sie in 5 Schichten: Troposhäre, Stratosphäre, Mesosphäre, Termosphäre und Exosphäre. Danach beginnt der leere Weltraum

Äquator – gedachter Kreis rund um die Erde. Er teilt sie in Nordhalbkugel und Südhalbkugel und liegt genau zwischen den beiden Polen

CO_2 – Abkürzung für Kohlendioxid. Ein Gas, das aus den beiden Elementen Kohlenstoff und Sauerstoff besteht

CO_2-Ausstoß – CO_2, das durch eine Aktivität verursacht wird

CO_2-Steuer – eine Abgabe, die für das Verursachen von CO_2 gezahlt wird

Energie – eine Kraft, die etwas bewirkt. Energie kann zum Beispiel wärmen, bewegen oder leuchten

Emission – Ausstoß von Teilchen, Wellen oder Strahlen

Ewiges Eis – das Eis der Pole, das weder im Sommer noch Winter schmilzt

Erdachse – die gedachte Linie, die die beiden Pole der Erde verbindet. Die Erde dreht sich um die Erdachse wie ein Kreisel

Feinstaub – entsteht dort, wo etwas verbrannt wird. Die einzelnen Staubteilchen sind so klein, dass sie bis in unsere Lunge und in unser Blut gelangen können

Gas – gasförmig, flüssig und fest sind die drei Zustände, in denen ein Stoff sich befinden kann. Wasserdampf zum Beispiel ist Wasser – nicht als Flüssigkeit, sondern als Gas

Grad Celsius (°C) – Einheit, in der Temperaturen gemessen werden. Sie ist benannt nach Anders Celsius, einem schwedischen Physiker

Industrie – ein Teil der Wirtschaft, in der Dinge im großen Stil in Fabriken hergestellt oder verarbeitet werden

Weltklimakonferenz – jährliches Treffen von Politikern fast aller Länder der Welt, um Maßnahmen zu beschließen, die den Klimawandel stoppen

Klimawandel – damit meint man heute die menschengemachte Klimaerhitzung seit der Industrialisierung

Meeresspiegel – die Oberfläche des Meeres. Er kann steigen und fallen. Die Höhe von Bergen wird ab dem mittleren Meeresspiegel gemessen. Er ist der Nullpunkt

Kondensation – Wasserdampf wird flüssig. Das ist das Gegenteil von Verdunstung

Million, Milliarde – einen Million ist das Zahlwort für eine Eins mit sechs Nullen. Tausend Millionen sind eine Milliarde, also eine Eins mit neun Nullen

Politik – alles, was für alle Bürger wichtig ist, wird durch Politik geregelt

Politiker – Leute, die eine Aufgabe, ein Amt, für eine bestimmte Zeit übernehmen. Sie sollen die Interessen der Bürger vertreten

Prozent – ein Prozent ist der hundertste Teil von etwas und hundert Prozent ist das Ganze

Recycling, recyceln – ist ein englisches Wort und bedeutet Wiederverwertung

Saisonkalender – zeigt, welches Obst und Gemüse gerade bei uns wächst

Elektrischer Strom oder **Elektrizität** – eine Form von Energie, die in Kraftwerken oder auch mit Windrädern erzeugt wird

Subventionen – finanzielle Hilfen durch den Staat

Treibhauseffekt – Gase halten Sonnenwärme in der Erdatmosphäre fest, ähnlich wie das Glasdach eines Gewächshauses

Umweltbundesamt – ist die Umweltbehörde der Bundesrepublik Deutschland. Es unterstützt die Bundesregierung von wissenschaftlicher Seite

Vegetation – die Gesamtheit der Pflanzen in einem Gebiet

QUELLEN

Die in diesem Buch zitierten Daten und Fakten stammen aus Veröffentlichungen der folgenden Institutionen:

Bund für Umwelt- und Naturschutz Deutschland (BUND)
Greenpeace
Umweltbundesamt
Universität Kiel
Vereinte Nationen
Weltklimarat (IPCC)
WWF

Stand November 2021

IMPRESSUM

2. aktualisierte Ausgabe 2022

ISBN 978-3-96428-055-8
Druck und Bindung: Polygraf Print
Printed in Slovakia
www.jacobystuart.de

DANKE

Prof. Dr. Detlev Ganten für Inspiration und Unterstützung bei der Arbeit an diesem Buch

Dr. Eckart von Hirschhausen für den konstruktiven Input und das Tüpfelchen auf dem i

und
Irin Bailey, Jason Bailey, Nele Brönner, Katrin Funcke, Florian Hartwig, Sandra Hörstel, Malte Kaune, Kirsten Küppers, Rinah Lang, Caroline Ledosquet, Johannes Rieder, Michaela Ungerer, der Ateliergemeinschaft Buerro, Dr. Jenny Heldmann-Brill, Dr. Jörg Heldmann, Erika und Dr. Helmut Heldmann und vor allem Martin.

Nur mit euch konnte das was werden!